Wolfgang Gramer

Neues aus der biblischen Schatzkiste Teil 3

Wolfgang Gramer

Neues aus der biblischen Schatzkiste Teil 3

Fromm Verlag

Imprint

Publisher:
Fromm Verlag
is a trademark of
Dodo Books Indian Ocean Ltd. and OmniScriptum S.R.L publishing group

120 High Road, East Finchley, London, N2 9ED, United Kingdom
Str. Armeneasca 28/1, office 1, Chisinau MD-2012, Republic of Moldova, Europe
Managing Directors: Ieva Konstantinova, Victoria Ursu
info@omniscriptum.com

Printed at: see last page
ISBN: 978-613-8-37403-9

Inhaltsverzeichnis

Johannes der Täufer

1) Die **Situation** Israels, als der Täufer auftritt: Das Volk ist abgewichen vom Weg Gottes. Mutig sagt der Täufer: das Ende der Welt ist gekommen; das Reich Gottes bricht an. Deshalb braucht es eine innere **Konversion** des Menschen.

2) Johannes greift die **Selbstherrlichkeit** derer an, die sich als Kinder Abrahams wähnen. Ihnen hält er entgegen: Alle können Kinder Gottes sein, sogar die Steine! Die jüdische Herkunft hat keinerlei Privileg.

3) Wie sieht das Weltende aus? Gott **reinigt** alles durch sein Gericht. „Die Axt ist an die Wurzel gelegt." Gott wird durch ein Feuer die Welt zerstören.

4) Johannes weiß, dass er nur **Wegbereiter** ist. Ein Stärkerer wird kommen. Johannes kennt ihn nicht. Er wird eine Phase der Wohlfahrt einleiten. Die Propheten Ezechiel und Joel haben sie verheißen. Also: eine neue Welt **in** dieser Welt!

5) Dann werden Spreu und Weizen getrennt durch den Dreschflegel. Der Wind wird die Spreu fortwehen. Konkret bedeutet dies: Taufe und **Konversion** durch den Täufer, Reinigung und **Wohlfahrt** durch den „Stärkeren".

6) Was Johannes nicht sehen konnte: **Jesus** als Stärkeren und seine Auferstehung als Beginn einer neuen Welt.

7) Jesus war vielleicht zuerst bei dem „Aussteiger" Johannes, einer beeindruckenden Gestalt am Jordan. Statt wie sein Vater Tempelpriester zu

werden, war er ehelos geblieben und predigte Umkehr. Sein Lebensstil war authentisch und zog viele an.
Doch dann **wandte** sich Jesus ab von ihm und zog auch einige Jünger des Täufers mit sich. Jesus drehte die Botschaft des Täufers um 180° um. Nicht zuerst Buße und dann kommt das Reich Gottes. Nein! „Das Reich Gottes ist da; bekehrt euch zu ihm." Also **zuerst** der Indikativ und als Folge der Imperativ. Kein Imperativ mehr als Bedingung! Das ist der fundamentale **Unterschied** zwischen Jesus und dem Täufer.

8) Darum lobt Jesus den Täufer als den Größten, aber der **Kleinste** im Himmelreich ist größer als er. Ja, die Kindschaft ist das unzerstörbare Gut der Töchter und Söhne Gottes. Dies hat auch zur **Rivalität** zwischen den Jüngern des Täufers und den Jüngerinnen und Jüngern Jesu geführt. **Lukas** findet diese Situation ums Jahr 80 in Ephesus vor, schreibt deshalb aus Täuferlegenden eine Kindheitsgeschichte des Täufers und parallel eine des Jesus von Nazareth, der in den einzelnen Szenen immer dem Täufer ein wenig überlegen ist (vgl. Biblische Schatzkiste Teil 2, S.101).

Lukas will so die Täufergemeinden ehren und gleichzeitig die überragende Bedeutung Jesu herausstellen. Darum wird Johannes bei ihm zum **Vorläufer** Jesu - historisch Rivale, theologisch Vorläufer.

9) Die **Kirche** ist immer wieder in **Gefahr**, in die johanneische Bußpredigt zurückzufallen, eine Drohbotschaft zu verkünden statt eine Frohbotschaft, Gesetze und Regeln aufzustellen und an ihnen das Christsein zu messen statt

der Freiheit des Geistes zu trauen und die Kraft der Liebe wirken zu lassen gemäß dem Wort des Augustinus: „Ama et fac quod vis" (liebe und was du – dann – tun willst, das tu).

Berichtet die Bibel von Spiritismus?

1) Die **Hexe von Endor** ist eine interessante Gestalt (1 Sam 28). Sie wird mit **König Saul** zusammengebracht. Wie kommt es dazu? Saul fühlt sich von Gott verlassen und will sein Schicksal erfahren. Deshalb sucht er jene Wahrsagerin auf. Sie ruft den Geist des verstorbenen Propheten Samuel. Dieser prophezeit Saul das drohende Unheil. Warum toleriert der biblische Autor diese Geistergeschichte?

2) Saul bekommt Angst angesichts der Übermacht der Philister. Er **befragt** Jahwe, was er tun soll, aber er erhält keine Antwort (28, 6). Darauf befiehlt er, eine Wahrsagerin zu suchen, obwohl dies **gegen das Gesetz** Gottes verstößt. Saul selbst hat einige Jahre zuvor alle Wahrsagenden aus dem Land vertrieben. Jetzt sucht er dennoch eine Wahrsagerin auf, eben die Hexe von Endor. Sie durchschaut ihn auch und verkündet ihm den baldigen Tod seiner Söhne, auch seinen eigenen, und die Machtübernahme durch David.

3) Was will der biblische Autor mit dieser Geschichte sagen? **Saul** hat nie Gott befragt für seine Entscheidungen, dagegen sucht **David** immer die Wegweisung des Herrn. Deshalb erwählt Gott den David.

4) Es war in Israel durchaus üblich, **Befragungen** durchzuführen durch Weise, Astrologen, Wahrsager (Gen 44,5; Hos 4,12; Jes 47,13; Gen 41, 1-4; 2 Kön 13, 14-19; Ez 21,26). Jahwe freilich hat laut Deut 18, 11.12 dies alles verboten und nur das „Loswerfen" zugelassen (1 Sam 14, 37-42; 1 Sam 14, 18.19.37).

5) Saul hat mehrfach Weisungen Gottes **missachtet** und systematisch Gottes Wort nicht befolgt: 1 Sam 13, 8-14; 1 Sam 14, 18.19.36.38-45; 1 Sam 15, 1-10.22.23; 1 Sam 22,18.19. In letzter Not sucht er Zuflucht bei einer Wahrsagerin, um dann seine eigene bevorstehende Vernichtung zu erfahren. David dagegen folgt den Weisungen Jahwes von Anbeginn (1 Sam 23, 1-4.9-12; 1 Sam 30,8; 2 Sam 2,1; 5,23.24), auch durch Orakel (1 Sam 23,6).

6) Das ist die Absicht des biblischen Autors: er will nicht zur Geisterbeschwörung aufrufen, sondern den **Unterschied zwischen Saul und David** aufzeigen. Deshalb kann die Hexe sich auch täuschen. Saul und seine Söhne sterben nicht am folgenden Tag, wie sie prophezeite. Der Autor schiebt Davids dreitägigen Kampf mit den Amalekitern dazwischen. Erst danach erfüllt sich Sauls angekündigtes Schicksal.

7) Dem biblischen Verfasser ist der Unterschied wichtig zwischen **Orakel** und **Totenbeschwörung**. Dies zeigt er in einer brillanten Geschichte voll von Paradoxien:

1. König Saul will auf Gott nicht hören und endet, indem er auf eine Hexe hört.
2. Er hatte befohlen, **Zauberinnen** zu eliminieren, und eine Zauberin kündigt ihm an, dass er eliminiert wird.
3. Er befragt sie, um die Angst zu verlieren und endet in noch größerer Angst.
4. Während die Hexe den Anordnungen des Königs folgen will, gehorcht der König seinen eigenen Anweisungen nicht.
5. Saul hat seine Herrschaft mit einem Abendessen begonnen, das der

Prophet Samuel ihm serviert, und er endet mit einem Essen, das ihm die Hexe serviert.

6. Sie wird nicht bestraft, wohl aber der König.
7. Saul erscheint mit negativen Mustern, während über die Hexe nicht ein einziges negatives Wort gesagt wird.
8. Saul wollte Gott nicht auf legale Weise hören und endet, indem er ihn illegal beängstigend hört.

Fazit: Schlimm ist es, eine Hexe zu sein; schlimmer ist es, König Saul zu sein.

Positiv formuliert: In unserem Innern ist Gott präsent; wir können ihn im Gebet jederzeit befragen.

An welcher Krankheit litt Paulus?

1) Es ist beeindruckend, was Paulus schon rein **physisch** leistete: in 20 Jahren über 10 000 km, meist zu Fuß mit Sonne, Wind, Regen, Schnee, Hunger, Kälte, Verfolgungen, Gefängnis, Geißelung, Schiffbruch usw. (vgl. 2 Kor 4; 6; 11).

2) Bei all diesen Strapazen litt er an einer **Krankheit** (Gal 4,13.14 und 2 Kor 12, 7-9). Viele haben gerätselt, welche Krankheit das sei.

3) Paulus spricht von einem **Stachel** oder Dorn, also keine schwere Krankheit, eher eine lästige, aber offensichtlich chronische. Dieser Stachel steckt in seinem Fleisch, also eine physische Sache, keine psychische oder moralische. Die Krankheit ist mehr oder minder zu sehen, und der Jude spuckt vor ihr aus.

4) Gal 4,15 deutet an, dass es sich um eine **Augenkrankheit** handelt. Die Galater würden sich sogar die Augen ausreißen und Paulus schenken, wenn sie könnten. Sie sind weit davon entfernt, vor ihm auszuspucken. Es handelt sich wohl um Ophthalmie, eine schwere Augenentzündung.

5) Deshalb braucht Paulus auch immer einen **Sekretär** für seine Briefe. Er kann nur **unterschreiben** mit großen Buchstaben (Gal 6,11). Sein Beruf als **Zeltmacher** (1 Thess 2,9) hat wohl dieses Augenproblem mit sich gebracht. Paulus behält ihn dennoch bei, um niemand wirtschaftlich zur Last zu fallen (1 Kor 9, 14-18).

6) In der Apostelgeschichte des **Lukas** erscheint Paulus **gesund**, gehört es doch zur Theologie des Lukas, dass ein Apostel gesund und voller Eifer ist. Aber dass

Paulus nach seiner Begegnung mit dem Auferstandenen drei Tage **nicht sehen** kann, deutet auch auf das Augenproblem hin (Apg 9,8.9).
Auch die Begegnung mit dem **Hohepriester**, den Paulus nicht erkennt, könnte ein Hinweis sein. Paulus wird geohrfeigt auf Geheiß des Hohepriesters und Paulus beschimpft ihn, ohne zu wissen, dass der Hohepriester dies angeordnet hat. Vielleicht kennt Paulus ihn nicht, aber an seiner Gewandung hätte er ihn erkennen können, wenn seine Augen in Ordnung gewesen wären. Folglich hat dies seine Augenkrankheit verhindert (Apg 23, 1-5).

7) Auch die Tatsache, dass Paulus immer von **Mitarbeitern** umgeben ist oder die Philipper ihm Epaphroditus schicken für seine persönlichen Belange (Phil 2, 25-28), könnte auf jenes Augenleiden hinweisen.

8) Vermutlich hat diese behindernde und demütigende Krankheit Paulus dazu gebracht, seine **Theologie des Kreuzes** zu entwickeln. Viele sahen ja damals Krankheit als Strafe Gottes. Paulus dagegen entwickelt jene kraftvolle Kreuzestheologie (1 Kor 1,18.22.23) aus seiner eigenen schmerzlichen Erfahrung heraus und kann sagen: „...denn wenn ich schwach bin, bin ich stark“ (2 Kor 12,10).

Wer trat als erster Heide in die Kirche ein?

1) Jesus predigte nur den Juden (Mt 15,24). Nach seinem frühen Tod erkannte die Jüngergemeinde: Es ist nötig, **auch den Heiden** zu verkünden. So berichtet uns Lukas vom ersten Heiden, der sich von Petrus taufen lässt: **Cornelius**, der römische Hauptmann von Joppe (Apg 10 und 11).

2) Aber in Apg 8 wird erzählt, Philippus habe in Samaria den äthiopischen **Kämmerer** getauft. Offensichtlich fand Lukas im Jahr 90 beide Geschichten vor: die eine aus Jerusalemer Kreisen, die andere aus Antiochia. Lukas zieht dann chronologisch die Philippusgeschichte vor, weil wir von Petri Zögern wissen bezüglich des antiochenischen Zwischenfalls zwischen Petrus und Paulus (vgl. Biblische Schatzkiste Teil 1, S.53). Lukas ist ja immer auf Einheit und Harmonie bedacht.

3) So begründet Lukas seine Vorrangstellung des Kämmerers damit, dass ein **Engel** Philippus ruft und der **Geist** ihn anschließend wieder verschwinden lässt. Der Kämmerer ist Eunuche, und gemäß Deut 23,2 können Eunuchen nicht zum Volk Gottes gehören.

4) Manche meinen freilich, „Eunuche" sei ein bloßer Titel für einen Beamten wie zB. bei Putiphar in Gen 39,1, der verheiratet war. Dagegen **insistiert** Lukas mehrfach, den Kämmerer Eunuche zu nennen. Außerdem waren die Kämmerer von Königinnen gewöhnlich kastriert. Wenn Lukas hinzufügt, er sei gekommen, um in Jerusalem anzubeten, zeigt dies, dass der Kämmerer wohl kein Jude war, aber mit dem Jüdischen **sympathisierte** (vgl. auch Apg 10,2).

5) Die Eunuchen waren in der damaligen Gesellschaft **verachtet**, sowohl in der griechisch-römischen als auch in der jüdischen. Vielleicht lässt Lukas ihn deshalb **Jesaia** 53,7.8 lesen (bzw. Apg 8,32.33), wo von der **Demütigung** des Gottesknechtes die Rede ist. Lukas-Philippus bezieht dann jene rätselhafte Gestalt des zweiten Jesaiabuches auf **Jesus**. Somit sind **alle** Menschen – egal, ob sie einen hohen oder niedrigen Posten in der Gesellschaft einnehmen – in die Heilsgeschichte einbezogen (vgl. auch Jak 2).

Woher stammt die Sintflutgeschichte?

1) Im Jahr 1872 entdeckt George Smith im British Museum in London auf Tontäfelchen **assyrische** Texte aus Ninive (Iran). Er findet die Geschichte vom König **Gilgamesch**, der den Weisen Utnapistim aufsucht, um das Geheimnis des ewigen Lebens zu erfahren. Smith ist erstaunt, dass dieser Weise sich mit seiner Familie vor einer universellen **Sintflut** gerettet hat.

2) 1910 entziffert der Archäologe Hermann Hilprecht einen **babylonischen** Text aus Nippur (Irak), der 1000 Jahre älter ist und ebenfalls von der Sintflut erzählt.

3) 1914 findet Arno Pöbel einen **sumerischen** Text in Nippur, der zwei Jahrtausende vor Christus von der Sintflut berichtet.

4) 1955 finden Archäologen in Megiddo (Israel) das **Gilgameschepos**. Es stammt aus dem Jahr 1300 v. Chr. Zu dieser Zeit ist also die Sintflutgeschichte schon nach Israel gekommen. Der biblische Autor der Genesis muss bei seiner Sintflutgeschichte nicht lange suchen.

5) Im Gilgameschepos erhält Utnapistim vom Gott Ea die Weisung, eine **Arche** zu bauen (vgl. Biblische Schatzkiste Teil 2, S.112), weil die Götter beschlossen haben, die Menschheit durch eine Sintflut auszurotten. Utnapistim und seine Familie würden aber durch die Arche gerettet werden. Als der Regen nach mehreren Tagen aufgehört hat, schickt Utnapistim eine Taube aus, die aber zurückkehrt. Danach eine Lerche, auch sie kehrt zurück. Danach dann einen Raben, der nicht mehr zurückkehrt. Die Familie kann die Arche verlassen.

6) Übereinstimmend sind die beiden Berichte vom Bau der Arche. Was sind die **Unterschiede**?

1. Götter dort (Gilgamesch); **ein** Gott hier (Genesis)
2. Eine törichte Entscheidung der Götter, die sie dann bedauern; hier die moralische Verderbtheit der Menschen.
3. Ea redet gegen den Willen der anderen Götter seltsamerweise mit der Hüttenwand des Weisen; Jahwe redet mit Noah direkt als Freund.
4. Ein willkürliches Freundschaftsgetue; Noah ist der Gerechte, deshalb wird er gerettet.
5. Der Weise belügt die Menschen auf Anraten der Götter; Noah täuscht niemand und schenkt klaren Wein ein.
6. Die Arche erscheint in ihrem Ausmaß unwahrscheinlich; in der Genesis ist sie wie der Tempel in Jerusalem.
7. Nur die Samen der Tiere sind in der Arche; in der Genesis wird die Schöpfung nicht zerstört, sondern gereinigt.
8. Die Götter erschrecken über die Sintflut; Jahwe kontrolliert die Flut.
9. Die Götter werfen sich gegenseitig Schuld vor; Jahwe übernimmt die Verantwortung.
10. Der Weise wird unsterblich; Noah erhält „nur“ Gottes Segen und bleibt sterblich.

7) Mesopotamien hat **keine Ehrfurcht** vor seinen Göttern, nennt sie Hunde, Fliegen, Gebärende und hält sie für willkürlich und launisch. Der **biblische** Autor verwandelt in der Sintflutgeschichte dieses Götterbild in jenes Vertrauen

erweckende Bild eines Gottes, der **für die Menschen da** ist.

Hintergrund dieser Geschichte aus dem Jahr 3500 v. Chr. sind die oft **überschwemmenden** Flüsse Euphrat und Tigris. Die Erfahrung einer besonders schlimmen Überschwemmung hat wohl die **Sumerer** zu dieser Geschichte veranlasst. Um das Jahr 2000 v. Chr. hat dann ein Autor diese Geschichte aufgeschrieben. Er hat sie wohl auch dramatisiert.

Ums Jahr 1650 v. Chr. hat ein **babylonischer** Autor die Geschichte für die Bibliothek in **Nippur** ins Babylonische übersetzt. Schließlich übersetzt sie jemand um 650 v. Chr. ins **Assyrische** und fügt sie ins Gilgameschepos ein für die Bibliothek von König Asurbanipal. Dort hat sie dann der biblische Autor gefunden und in seine Theologie mit **Noah** in der Hauptrolle eingefügt.

8) In der Folgezeit breitet sich die Geschichte in **300 facher** Form aus von Afrika bis Norwegen, von Japan bis USA. In fast allen Geschichten ist die Sintflut universal und es wird eine Familie gerettet. In 2/3 werden auch die Tiere gerettet. Schuld an der Sintflut ist in diesen Geschichten die Bosheit der Menschen. Über die Hälfte der Geschichten lassen die Arche enden auf einem Berg. In 1/3 werden Vögel ausgesandt, um auszukundschaften, ob das Wasser sich verlaufen hat.

9) Ein entscheidender Punkt der biblischen Geschichte ist **Noahs Pakt** mit Gott (Gen 9, 12-15). Warum ist der **Regenbogen** dafür das Bild? Wenn 2 Reiche Frieden schlossen, ließ jeder Monarch auf dem Dach seines Thronsaales einen Kampfbogen anbringen. Erschien nach einem langen Regen ein Regenbogen am

Himmel, dann sah Israel in ihm ein Zeichen Gottes für dessen Friedenspakt mit der Menschheit.

10) Leider **beschuldigen** immer noch manche Gott, wenn es Erdbeben, Katastrophen, Überschwemmungen oder ansteckende Krankheiten gibt. Aber die Erde hat ihre Eigengesetzlichkeit. Der Glaube kann uns nicht **vor** Stürmen bewahren, aber **in** Stürmen. Oder wie Hans Küng einmal gesagt hat: „Gottes Liebe bewahrt nicht **vor** allem Leid, sie bewahrt aber **in** allem Leid."

Ein biblischer Euthanasie-Vorfall?

1) Das alttestamentliche Buch der **Richter** erzählt in 9,1-57 von König **Abimelek**, dem Sohn des berühmten Richters Gideon. Gegen den Willen des Vaters hat der Sohn nach dem Tod Gideons den Königstitel angenommen, der ihm von den Ältesten angeboten worden war.
Problem ist nur, dass Gideon weitere 70 Söhne hat, zumal legitime, während Abimelek der Sohn einer kanaanäischen Konkubine Gideons ist: ein doppeltes Problem!

2) Abimelek entwickelt einen **perversen Plan**: er geht nach Sichem zum Clan seiner Mutter. Er sagt ihnen, es sei doch besser, von einer Person regiert zu werden als von 70; außerdem doch lieber von einem Landsmann als von Ausländern, nämlich seinen Halbbrüdern. Sie willigen ein und machen ihn zum König, dem ersten in Israel. Mit einer Schlägertruppe zieht er nach Ofra und macht auf brutale Weise seine Brüder nieder „auf einem Stein"; nur einer entkommt: Jotam.

3) Abimelek zieht nach Sichem zurück. Eines Tages provoziert **Jotam** seinen Halbbruder mit einer antimonarchischen Parabel, die berühmt wird. Sie schließt mit der Prophetie, dass Abimelek kein Glück haben wird. Nach drei Jahren beginnt der Abfall der Sichemiten von Abimelek. Gaal ruft zum **Bürgerkrieg** auf (V.26-29). Abimelek gewinnt ihn. Einige flüchten in den Turm des Tempels. Abimelek zündet den Turm an.

4) **Tebes** erhebt sich gegen Abimelek. Wieder flüchten die Bewohner in einen

Turm. Abimelek will wiederum Feuer legen. Da wirft eine Frau einen Mühlstein auf ihn herab und trifft seinen Schädel. Abimelek sieht die Schande, durch eine Frau zu sterben (siehe Jud 16,5.6 und Ri 4,17-22). Er befiehlt seinem Schildträger ihn zu **töten**, auch um sich den langen **Todeskampf** zu ersparen. So endet der Bürgerkrieg.

5) **David** erinnert später an diesen schmählichen Tod (2 Sam 11,22), ebenso Joab (2 Sam 11,20.21). So ist diese Geschichte weiter erzählt worden. Sie fragt uns an, ob es nicht ein Recht gibt, in Frieden zu sterben statt zu leiden. Johannes Paul II. sagte: „Das Leben des Körpers in seiner irdischen Verfasstheit ist kein absoluter Wert.“ Hier beginnt die Diskussion.

Der Prophet, der nie zum Volk sprach

1) Israels Propheten hatten die Aufgabe, Gottes Botschaft dem Volk auszurichten. **Ein** Prophet freilich sprach nie mit dem Volk, nur mit Gott: **Habakuk**! Er ist der achte im Zwölfprophetenbuch. Niemand hat so wie er die Ruhe, die Hoffnung und das Vertrauen in Gott. Seine Botschaft ist höchst aktuell.

2) Wir wissen nicht viel von ihm. Vermutlich ist er in Jerusalem ums Jahr 635 v. Chr. geboren. Unklar ist, warum er den Namen Habakuk („er, der umarmt") trägt. Aber als Prophet hat er tatsächlich mit seinen Worten das Volk indirekt umarmt und getröstet inmitten der Ungerechtigkeit der Mächtigen. Vielleicht war er Levit oder Liturge am Tempel. Der Hymnus in Kap. 3 weist darauf hin.

3) Ein Schlüssel liegt in 1,6. Noch ist der Vordere Orient in **assyrischer** Hand, einer brutalen Herrschaft. Doch da tauchen die Chaldäer oder Babylonier auf (vgl. Jes 13,19 und Ez 12,13). Sie zerstören 612 v. Chr. Ninive und lassen Assur von der Landkarte verschwinden (Nah 2,4-14).

4) Doch kurz ist die Freude in Juda. **Ägypten** bemächtigt sich der Region durch den Pharao. Eljakim wird zur Marionette. Die Situation ist schlimmer als vorher. Der harte Pharao und der grausame Jojakim regieren (Jes 22, 13-19). Ein Prophet wird sogar umgebracht (Jer 26, 20-23).

5) Im Jahr 605 v. Chr. kommen die **Babylonier** mit Nabuchodonosor und beenden die ägyptische Herrschaft. Zuerst freut sich Juda, aber dann wird der

Babylonier unbarmherzig, und Habakuk legt sich mit Gott an.

6) Eine turbulente Zeit mit drei Besatzungen, von denen jede schlimmer ist als die vorhergehende. Habakuk weiß, dass sein Land zu schwach ist in diesen internationalen Konflikten mit Assur, Babylon und Ägypten. Er schleudert Gott seine Fragen entgegen (1,2-4).

7) Gottes Antwort kommt gleich (1,5-7): Seine Gerechtigkeit erscheint mit Babylon. Habakuk ist **empört** (1,12-17). Ist Gott Komplize des Bösen?
Nein! Der Böse wird Schiffbruch erleiden, der Gerechte wird durch den Glauben leben (2,3-4). „Glaube" ist nicht eine Ansammlung von Wahrheiten oder Sätzen: es ist ein Leben, das auf Gott vertraut. Diesem Glauben steht nicht der Atheismus gegenüber, sondern die Furcht. Wir sind weder einem namenlosen Schicksal noch irgendeinem Zufall ausgeliefert, sondern ruhen in Gott. Auch in den dunkelsten Situationen unseres Lebens können wir im inneren Gleichgewicht sein. Dann werden wir Frieden und Harmonie ausstrahlen.

8) Habakuk hört einen **Chor,** der Klagelieder anstimmt. Es sind die Stimmen jener Völker, die durch Babylon gelitten haben und sich jetzt über jene Macht lustig machen. Weder Geldgier noch Reichtum, weder grausame Gewaltpolitik noch Götzendienst (2,6-20) helfen Babylon, sondern kommen ihm teuer zu stehen.
So kann Habakuk in einen der schönsten Hymnen des AT einstimmen (3,2-19): Gott erbarmt sich seines Volkes, er rettet es aus aller Bedrängnis. **Teman und Paran** erinnern an den Sinaibund. Inmitten des Unglücks ist Habakuks Glaube

gereift durch sein Suchen und Fragen, durch seine Klage und sein Nichtverstehen hindurch.

9) Habakuk ermutigt uns, nicht ständig zu fragen „Warum“, sondern „Was jetzt?“ Dann werden wir kreativ, bleiben nicht hängen in theoretischem Fragen, sondern suchen Lösungen. Statt fruchtloser Klage eine **produktive Liebe!**

Warum besucht Maria Elisabeth?

1) Ist dieser Besuch **wahrscheinlich**? 150 km eines schwierigen Weges für ein alleinstehendes Mädchen, auch durch Samaria, wo Juden und Samariter doch keine Gemeinschaft haben!? Warum geht Josef nicht mit? Was will sie bei ihrer „Base“?
Johannes der Täufer sagt später im Johannesevangelium, er kenne Jesus **nicht.** Woher nimmt Lukas das Verwandtsein der beiden Frauen? Woher will er im Jahre 80 noch Details wissen von der Kindheit der beiden?

2) Die wahrscheinlichste Erklärung ist nicht eine historische, sondern eine **theologische**: Lukas sieht Johannes als **Vorläufer Jesu**, als Herold. Freilich: Johannes hat Jesus nicht taufen können, weil er da schon im Gefängnis ist. Deshalb kommt Lukas auf die Idee, dass die beiden Kinder sich bereits im Bauch ihrer Mütter „begegnen“. So kann Johannes sein Zeugnis für Jesus ablegen (Lk 1, 40-45).

3) Als Maria das Haus des Zacharias betritt, erscheint dieser genauso wenig, wie vorher keine Rede von Josef war. Die Männer interessieren Lukas nicht, nur die schwangeren Frauen. Jetzt **„hüpft“** das Kind vor Freude im Bauch Elisabeths. Damit erfüllt sich die Prophetie des Zacharias (1,15).
Elisabeth wiederum ist die einzige Frau im NT, die „voll des Heiligen Geistes“ ist. So kann sie Maria **preisen**.

4) “Gebenedeit“ ist in der Bibel nicht nur Maria, sondern bereits **Judith**, und **Jael** ist sogar zweimal gebenedeit (Ri 5, 24). Elisabeth wiederum macht mit

ihrem Lobpreis auf Maria klar, dass es nicht nur um die physische Geburt geht. Der **Glaube Marias** ist entscheidend.

5) So wird die **Absicht des Lukas** klar: er will Johannes als **Vorläufer** Jesu zeigen. Woher nimmt Lukas den **Stoff** dazu? Aus dem Vergleich mit der Überführung der **Bundeslade in** 2 Sam 6, 1-23:

1. Die Bundeslade wird zu einer Stadt im Bergland von Juda transportiert.
2. David und Elisabeth fragen.
3. Die Lade und auch Maria bleiben 3 Monate.
4. Die Besuche sind voll von Segnungen.
5. Es gibt Freudensprünge.
6. Laute Rufe ertönen.
7. Es gibt Gesänge.

Lukas basiert seine Erzählung auf dieser wohlbekannten Begebenheit. Maria wird damit sozusagen zur **neuen Bundeslade**.

Hintergrund ist die **Spannung** zwischen der Täufergemeinde und der Jesusgemeinde (vgl. Biblische Schatzkiste Teil 2, S.101 und Teil 1, S.43).

6) Es geht also weder um die Dienstbereitschaft noch um die Demut Mariens, wie manche deuten. Dann wäre Maria nicht vor der Geburt des Johannes wieder abgereist, wo sie ja am ehesten nötig gewesen wäre. Es geht um den Hinweis des Täufers auf den **kommenden Messias**.

Die Wunder des Paulus

1) In seinen Briefen sagt Paulus **nichts** davon. Im Gegenteil: er bestreitet es, Wunder gewirkt zu haben (2 Kor 10,1; 1 Kor 1,22.23). Er fühlt sich **unfähig** (2 Kor 12,5), ja verachtenswert (2 Kor 11,30; 10,10).

Aber die **Apostelgeschichte** des Lukas spricht ganz anders. Sie erzählt von **7 Wundern**, die Paulus gewirkt hat:

1. In Paphos auf **Zypern** will der Prokonsul Sergius Paulus den Apostel Paulus hören und lädt ihn ein. Da taucht ein Zauberer mit Namen **Elimas** auf. Paulus verflucht ihn und Elimas wird blind (Apg 13,6-12). Solch ein **Strafwunder** ist im NT ungewöhnlich; es kommt nur in der Apostelgeschichte vor (vgl. Apg 5; siehe auch S.49 weiter unten: Ananias und Saphira).

2. Der **Gelähmte von Lystra** (14,13). Er sitzt am Zeustempel und wird von Paulus geheilt, ohne dass er darum gebeten hätte. Dieses Wunder erinnert an jenen Gelähmten, der von Petrus am Tempel von Jerusalem geheilt wurde. Für Lukas ist wichtig, dass nicht nur Juden geheilt werden. So wirkt Paulus an einem Heiden, was Petrus an einem Juden vollbracht hat. Zum ersten Mal spricht Paulus auch zu den Zeuspriestern und einer Heidengemeinde.

3. Paulus spricht einen **Exorzismus** über das von einem Wahrsagegeist besessene Mädchen von Philippi (16,16-18). Das Mädchen wird geheilt, aber seine Ausbeuter können sich nicht mehr an ihm bereichern, attackieren Paulus und bringen ihn samt Silas ins Gefängnis.

4. In **Ephesus** (19,11.12) bewirken sogar **Tücher und Kleider** des Paulus, dass Kranke geheilt werden. Bei Petrus war es sein Schatten (5,15).

5. Der junge Mann **Eutychus von Troas** (Apg 20,7-12) nickt während der langen Predigt des Paulus ein und fällt vom 3. Stock des Hauses, wo er sich auf den Fensterrahmen gesetzt hat, hinab auf den Erdboden und ist tot. Paulus legt sich auf ihn, und Eutychus erwacht wieder zum Leben.
Übrigens hat bereits der Prophet Elias dasselbe bewirkt am Sohn einer Witwe (1 Kön 17,21) und der Prophet Elischa ebenfalls (2 Kön 4).

6. Als eine **Schlange** auf **Malta** den Paulus beißt, heilt er sich selbst (28,3-6). Zwar gibt es solch eine Selbstheilung nirgends sonst im NT, aber immerhin erfüllt sie Jesu Verheißung von Mk16,18 und Lk 10,19.

7. Paulus heilt den fiebrigen Vater des Inselchefs **Publio** (28,7.8).

Lukas nimmt diese Wunder zum Erweis dessen, dass Paulus ein **glaubwürdiger** Apostel ist. Die berichteten Wunder wurden in der Folgezeit immer fantastischer. Die Schrift „Taten des Paulus" ums Jahr 180 weiß sogar von einem Löwen, der von Paulus getauft werden wollte. Selbiger Löwe sagt dann später, als er Paulus verschlingen soll, stattdessen: „Die Gnade sei mit dir, Paulus."

- Die Wunder sind ein Zeichen von **Gottes Wirken**. Insofern sind sie ein Ausdruck seiner **Liebe** und vergewissern uns dieser Liebe. Wo nicht, gehören sie in den Bereich der Magie. Nicht umsonst nennt der auferstandene Jesus die glücklich, die nicht sehen und doch glauben.

Der Stammbaum Jesu

1) Matthäus hat in seinem Evangelium einen Stammbaum Jesu (1,1-17) mit besonderen Gestalten, anders als Lukas. Es mutet fast langweilig an, diese **42 Namen** zu hören, aber es ist für Juden erstaunlich, dass auch **4 Frauen** genannt werden – und zwar ganz besondere.

2) Stammbäume sind in der Antike ganz wichtig – für Juden außerordentlich, denn sie bezeugen die **Reinheit der Rasse**. Dann darf man sich zum Volk Gottes zählen, sonst nicht. Wer Priester werden wollte, musste seinen Stammbaum bis auf Aaron zurückverfolgen können.

So wurde etwa Herodes der Große zur Zeit Jesu von den Juden immer verächtlich angesehen, weil er auch edomitisches Blut hatte. Er ließ deshalb alle offiziellen Register auslöschen, damit ihm niemand seine Herkunft streitig machen konnte.

3) Matthäus will Jesus als **erwarteten Messias** aufzeigen. Darum nennt er **drei** Gruppen von je **14** Namen aus den drei wichtigen Epochen des Volkes Gottes: von Abraham bis David, von David bis Babylon, von Babylon bis Josef, dem Vater Jesu. Die erste zeigt die **Größe** des Menschen (>David), die zweite die **Schande** (>Babylonische Gefangenschaft), die dritte die **wiedergefundene** Größe (>Jesus).

4) Matthäus benützt immer 14 Namen: das ist die Quersumme der hebräischen Buchstaben für **David** (>dalet 4, waw 6, dalet 4), der drei Konsonanten =14. Die Vokale werden nicht geschrieben. Historisch gesehen lässt er 430 Jahre durch nur 3 Personen decken (zwischen Perez und Nachschon) und drei Jh. durch 2 Personen (zwischen Salmon und Isai). Was er

aber **theologisch** sagen will: Jesus ist der dreifache David.

5) Matthäus provoziert mit seinem Stammbaum, indem er 4 **Frauen** einfügt, die bei den Juden nicht zählten, und was für welche: 1. **Tamar**, die durch Inzest geboren wurde (Gen 38), 2. **Rahab**, die Prostituierte, die Israels Späher rettete (Jos 2), 3. **Ruth**, die Moabiterin, die exkommunizierte Ausländerin, und 4. **Batseba**, die Ehebrecherin (2 Sam 11).

Die **Botschaft** des Matthäus ist klar: Aus der Tiefe menschlichen Elends kommt Jesus hervor. Er umarmt in seiner Familie alle menschliche Misere. So dürfen auch wir uns in Elend und Glanz des Menschen bei ihm geborgen wissen.

Der Stern von Bethlehem

1) Im Jahr 1572 beobachtete man einen Stern, der 1 Monat lang auch am hellen Tag sichtbar war. War das bei den Weisen aus dem Morgenland (Mt 2) ein ähnlicher Stern?

2) Bereits **Origenes** spricht im 2. Jh. von einem Kometen. Der spektakulärste Komet, den wir kennen, ist der **Halley** von 30 Mill. Kilometer Ausdehnung. Er erschien mehrfach in der Geschichte, das erste Mal im Jahr 12 v. Chr.

3) **Kepler** aus Weil der Stadt spricht dagegen von einer Konjunktion von Jupiter und Saturn im Jahr **7 v. Chr.**, die alle 805 Jahre wiederkehrt.
Der Mönch **Dionysius Exiguus** (6.Jh.) hat im Auftrag des Papstes aus dem julianischen Kalender den gregorianischen geschaffen, sich aber um 7 Jahre verrechnet. So würde jene Konjunktion von Jupiter und Saturn tatsächlich ins vermutliche Geburtsjahr Jesu passen.

Aber wie kann ein Stern von Ost nach West plötzlich die Richtung ändern und von Jerusalem südlich nach Bethlehem wandern, um dort stehen zu bleiben?

4) Wenn wir symbolisch fragen, wird klar: die religiöse Autorität macht sich nicht auf den Weg, um in Jesus den **Messias** zu finden, und die politische Autorität wird die verfolgen, die ihm anhängen. Die suchenden Heiden (Magier) dagegen finden Jesus, da sie dem Stern ihres Herzens folgen. Berührend in diesem Zusammenhang auch die Legende vom vierten König (Edzard Schaper).

Darum ist der Stern von Bethlehem kein astronomisches Phänomen, sondern ein **Licht des Glaubens** für die Heiden, für die Suchenden.

Adam und Eva

1) Widerspricht die Naturwissenschaft der Biblischen Geschichte in Genesis 2? Der Mensch ist weder aus Erde gemacht noch aus einer Rippe. Warum hat dann der sog. Jahwist im 8./7. Jh. v. Chr. diese Geschichte erzählt?
Von Evolution ist damals wohl nichts bekannt. Aber man sieht, wie ein Verstorbener sich in Erdstaub verwandelt. So vermutet man, dass der Mensch **vor** seiner Entstehung auch Erdstaub gewesen ist. Babylonier, Ägypter, dann Griechen und Römer teilen diese Idee.

2) Der biblische Verfasser ergänzt nun den Volksglauben durch ein wichtiges Detail: den **Lebensatem** – Gott selbst haucht ihn dem Menschen ein. Entscheidend dabei ist: **alle** sind „adam" (Erdling) und haben denselben Ursprung von der „adamah" (Erde). Alle haben die gleiche Herkunft, folglich die **gleiche Würde**, aber eben eine göttliche Würde, ob König oder einfacher Mensch. Deshalb das Bild des göttlichen Töpfers, der den Menschen meisterhaft formt – ein grandioses würdiges Bild von Gott und Mensch! Keinerlei Rangunterschiede unter den Menschen wie in den anderen Kulturen, die Israel umgeben!

Der Jahwist will keine naturwissenschaftliche Erklärung geben, sondern etwas viel Tieferes: **jeder** Mensch ist ein **persönliches Werk Gottes** selbst, geformt aus seiner Hand, eben zerbrechlich wie Ton, aber aus Gottes Hand und bleibend in ihr. Sehen wir diese liebende zärtliche Verbindung auch auf dem Hintergrund, dass sich bei uns der Mensch jetzt einfach selber den Lebensatem nehmen, also sich - höchstrichterlich erlaubt - umbringen kann. Wie tröstlich dagegen Jer 18,6: „Wie der Lehm in den Händen des Töpfers, so seid ihr in meinen Händen.“

Dieser Mensch darf in einem wunderbar **wasserreichen** Paradies leben, er, der in der Wüste so oft Wassermangel erleidet.

3) Aber es ist nicht gut, dass dieser Mensch allein ist. Abgesehen von der Verbundenheit und Verantwortlichkeit der **Natur** gegenüber (>Namensgebung für die Tiere) formt Gott dann die **Frau**. Der Mensch ist kein isoliertes und sich selbst genügendes Wesen. Er findet in der Liebe zwischen Mann und Frau seine Vollendung. Revolutionär zum damaligen wie heutigen Machismus drückt die **Rippe** (>ähnlich der Mondsichel, dem Zeichen der Frau >Mondzyklus > weiblicher Zyklus) eine **Herzensbeziehung** aus, verschließt sie doch das Herz.

Darum lehrt der **Talmud:** „Gott erschuf die Frau nicht aus dem Kopf des Mannes, sie steht nicht über ihm, nicht aus den Füßen, sie steht nicht unter ihm, sondern aus seiner Seite, sie steht neben ihm. Drum hüte dich, eine Frau weinen zu machen. Gott zählt ihre Tränen.“

4) Während der Erschaffung der Frau, **schläft** der Mensch, denn die Frau ist Gottes Geheimnis. Nur die Augen des Glaubens schauen das Werk.

5) Das **Nacktsein**: Kinder schämen sich nicht voreinander, wenn sie nackt sind, erst mit der Pubertät wächst die Scham. Ein Bild für die **Ursünde**, nämlich Sein-zu-wollen-wie-Gott; sie entblößt uns, sie entlarvt uns.

Ergebnis: Der Mensch ist ein Hauch Gottes, bleibend geformt „aus seinen

Händen“, dazu berufen, die Partnerschaft mit Gott und der Schöpfung zu leben. Da ist kein Raum für Ausbeutung oder Unterdrückung!

Welche Sprache sprach Jesus?

1) Als Jesus geboren wird, ist das Hebräische als Umgangssprache verschwunden. Im Umfeld Jesu spricht man **aramäisch.**
Das heutige Hebräisch in Israel stammt von einem Juden aus Litauen, nämlich **Eliezer Ben Yehuda**. Er hat es im Jahr 1880 geschaffen aus einer hebräischen Bibel heraus, die er besaß. Durch neue Ausdrücke hat er es ergänzt.

2) Der Stammvater **Abraham** spricht nicht hebräisch. Er kommt ja aus Mesopotamien, wo er irgendeinen **semitischen** Dialekt gesprochen hat. In Kanaan, wo er sich dann niederlässt, spricht man eine entwickeltere und präzisere Sprache. Abraham und seine Nachkommen eignen sich diese Sprache an. Nach dem ägyptischen Exil übernimmt man sie definitiv.
In dieser Sprache entstehen die Torah und die Psalmen, insgesamt **39 Bücher** der 46 des AT. Bis zum Jahr 587 v. Chr. ist diese Sprache entscheidend.

3) Die **Zerstörung** Jerusalems durch Nabuchodonosor (587 v. Chr.) führt weite Teile der Bevölkerung ins Exil nach Babylon. Als Kyros die Rückkehr erlaubt, gerät das Hebräische in Vergessenheit, denn in Babylon hat man **aramäisch** gesprochen.
Um 200 v. Chr. kennen nur noch Gebildete das Hebräisch. Geschrieben dauert es fort, ebenso **liturgisch**. Beim Synagogengottesdienst kommt nach dem Hebräischen eine aramäische Erläuterung.

4)**Jesus** lernt wie alle Kinder aramäisch. Markus berichtet uns auch vier Worte Jesu auf aramäisch: 1. Talita kum (5,41), 2. Effata (7,34), 3. Abba (14,36), 4. Eloi,

Eloi, lema sabachtani (15,34).

Die Evangelisten haben uns auch Personen (Barrabas, Kephas, Tabita) und Namen (Kapharnaum, Golgota, Gabbata) in aramäisch überliefert, ebenso Hosanna (Mk 11,9) und Marána tha (1 Kor 16,22).

5) Das Aramäisch von Galiläa war etwas **verschieden** von dem in Judäa. Jesus und die übrigen Jüngerinnen und Jünger (außer Judas, der aus Judäa war) hatten den **galiläischen** Akzent (vgl. Mt 26,73).

Jesus selber konnte wohl auch **hebräisch** – so vermuten wir nach Lk 4,16-19. Ansonsten hätte man ihn kaum Rabbi genannt.

6) In Palästina sprach man zur Zeit Jesu auch **griechisch**. Durch Handel beherrschten sicher viele auch das Griechische, zumindest in Galiläa. Fünf Situationen zeigen, dass Jesus wohl auch das Griechische nicht fremd war: 1. Der Besessene von Gerasa, einer griechischen Gegend (Mk 5,1), 2. Die Syrophönizierin (Mk 7,24), 3. Der römische Hauptmann (Lk 7,1), 4. Im Tempel wollen Griechen mit Jesus sprechen (Joh 12,20), 5. Pilatus befragt Jesus auf griechisch (Mt 27,11).

Die Szene mit der Ehebrecherin (Joh 8, 1-11) lässt vermuten, dass Jesus auch **schreiben** konnte.

Ergebnis: Jesu Muttersprache war aramäisch mit galiläischem Akzent. Er verstand das klassische Hebräisch der Heiligen Schriften, und er kannte Wesentliches auf griechisch. Seine ureigenste Sprache war aber die der **Liebe** - bis hin zu den Feinden (Mt 5,44.45).

Wer war der Lieblingsjünger Jesu?

1) Nur im Johannesevangelium taucht er auf. Beim Letzten Abendmahl lehnt er seinen Kopf an Jesu Brust. Unter dem Kreuz (19,25-27) erscheint er mit Maria. Dann wieder beim sog. Osterwettlauf mit Petrus (20,1-10), wo er schneller ans Grab kommt, aber Petrus den Vortritt lässt (Schatzkiste Teil 1, S.51). Nur von ihm heißt es dann: er sah UND glaubte. Ferner spielt er beim reichen Fischfang und der Erscheinung des Auferstandenen (21) eine deutende Rolle. Er erkennt den Auferstandenen, Petrus nicht. Schließlich bei der Prophetie des Auferstandenen (21,20-23), und dann gibt er sich als Quelle fürs Evangelium bekannt. Ansonsten wissen wir gar nichts über ihn.

2) Interessant, dass das Johannesevangelium **niemals** den Jünger Johannes, den Zebedäussohn, erwähnt. Deshalb sehen schon im 2. Jh. Irenäus von Lyon und Polykrates von Ephesus in ihm, dem „Donnersohn" Johannes, den Lieblingsjünger. Die andern drei Evangelien erwähnen ihn mit seinem Bruder Jakobus und mit Petrus bei wichtigen Anlässen wie der Verklärung Jesu oder der Heilung des Töchterchens vom Synagogenvorsteher Jairus. Aber soll dieser Johannes sich im Evangelium **selber** als Lieblingsjünger bezeichnet haben?
Außerdem erscheint er in den andern Evangelien als Mann mit impulsivem Charakter und gelegentlich intolerantem Herzen wie zB. in Lk 9,54. Nicht umsonst tragen er und sein Bruder den aramäischen Beinamen „Boanerges" (Donnersöhne). Auch will er mit seinem Bruder die ersten Plätze im Himmelreich (Mk 10,35). Schließlich weist Jesus ihn zurück (Mk 9,38), als er einem anderen Wunderheiler das Handwerk legen will.

3) Vielleicht möchte das Evangelium in ihm eine **symbolische Gestalt** sehen, wie der wahre Jünger sein soll. Gerade weil er anonym bleibt, wird er zum Bild für uns **alle**. Die innige Verbindung beim Letzten Abendmahl zwischen Jesus und diesem Jünger hat zu den Darstellungen der sog. Johannesminne geführt (zB. Heiligkreuztal): ein Impuls für uns und eine Frucht des Bildes vom Weinstock und den Reben (Joh 15).

Wer historisch wohl dahinter steht, erläutert Biblische Schatzkiste Teil 1, S.90.

Wurde Jesus vom Teufel versucht?

1) Versuchungen gehören zum Menschen, darum auch zu Jesus (Hebr 2,17.18). Er hat nicht nur die **drei** in der Wüste gehabt, von denen **Matthäus** (4,1-11) und **Lukas** (4,1-13) berichten. Jesus selbst spricht mit seinen Jüngern von den vielen Versuchungen (Lk 22,28.29). Auch die Pharisäer wollen ihn versuchen (Mt 16,1; 19,3; 22,18; Joh 8,6).

2) Die **drei Versuchungen** in der Wüste umfassen Vergangenheit, Gegenwart und Zukunft. Sie spiegeln die Versuchung seines Lebens wider. Zugleich sind sie ein Abbild dessen, was das Volk Gottes nach dem Exodus an Versuchungen erlebt hat: nach der wunderbaren Durchquerung des Meeres sind sie 40 Jahre in der Wüste und erleiden dreimal eine Versuchung...nach der Taufe im Jordanwasser ist Jesus 40 Tage in der Wüste und wird dreimal versucht.

Jesus „ersetzt" also das Volk Israel, das an seinen Versuchungen gescheitert ist. Siegreich geht er aus den Versuchungen hervor.

3) Die **erste**: Jesus hungert in der Wüste, wie Israel in der Wüste Hunger gehabt hat. Mose kritisiert das maulende Volk (Deut 8,3), während Jesus an die eigentliche Nahrung des Menschen erinnert.

Die **zweite**: sie erinnert an das Wasserwunder des Mose. Er wirft dem Volk vor, Gott versucht zu haben (Ex 17,1-7; Deut 6,16). Jesus widersteht der Versuchung, Gott durch ein Schauwunder zu provozieren und sich von der Tempelzinne hinabzustürzen.

Die **dritte**: Mose erinnert an das Goldene Kalb (Ex 32) und bittet vor der Landnahme das Volk eindringlich, Gott allein anzubeten ((Deut 6,13). Jesus widersteht der Versuchung, sein zu wollen wie Gott und so von Gott abzufallen; er betet keine falsche Macht an.

4) **Israels Propheten** wussten um die Versuchbarkeit des Volkes im Lauf der Geschichte. Der häufige Abfall von Gott ließ in ihnen die Hoffnung auf einen Messias reifen, der all diesen Versuchungen widersteht.
Die Evangelisten sprechen deshalb zu Beginn von Jesu öffentlichem Auftreten auch so deutlich von seinen Versuchungen. Sie wollen zeigen, was und wer Jesus durch seine Versuchungen hindurchführt.
Deshalb beten wir in der lateinamerikanischen Fassung des Vaterunser: „Lass uns **in** der Versuchung **nicht** fallen.“
5) Die **Brotversuchung** passt zur Brotvermehrung. Jesus lehnt das erbetene Schauwunder ab und zieht sich in die Bergeinsamkeit zum Gebet zurück (Joh 6,14.15). Der versuchende Teufel ist niemand anders als das nach Brot lechzende Volk, das meint, mit Materiellem den inneren Hunger stillen zu können.
Bei der **Tempelversuchung** erinnern wir uns an Pharisäer und Sadduzäer, die von Jesus ein Zeichen verlangen (Mt 16,1). Aber Jesus erkennt ihre Herzenshärte und geht einfach weg (Mt 16,4). Der Teufel zitiert Psalm 91: das sind die religiösen Autoritäten, die Jesus provozieren.
Bei der **Bergversuchung** steht im Hintergrund der Wunsch des Petrus (Mt 16,21-23), das Kreuz zu umgehen. Jesus entlarvt ihn als „Satan“.

6) Interessant ist die **verschiedene Reihenfolge** der Versuchungen Jesu bei Mt und Lk.
Matthäus: Wüste – Tempel – Berg **Lukas:** Wüste – Berg – Tempel
Mt hat eine Theologie des **Berges** (>Bergpredigt), **Lk** eine Theologie **Jerusalems** (>dort ereignen sich Tod und Auferstehung Jesu wie das Pfingstereignis).
Mt schreibt für **Judenchristen**. Der Berg der Seligpreisungen ersetzt den Berg Horeb, wo Mose die steinernen Tafeln der Gebote erhalten hat. Berge sind für

Israel die erste Kreation Gottes. Der Berg Tabor mit Jesu Verklärung ist ein Vorgeschmack der Auferstehung. Der Berg Golgatha vollendet das irdische Leben Jesu.

Lk schreibt für **Heidenchristen**. In Jerusalem kommt der Geist von Pfingsten über die junge Gemeinde. Hier hat alles seinen Ausgangspunkt. Bereits die Kindheitsgeschichte des Täufers rückt den Tempel, wo Vater Zacharias Gottes Verheißung empfängt, in die Mitte. Dann wird das Jesuskind in den Tempel getragen und empfängt die Verheißung des Simeon und der Hanna. Auch der 12jährige Jesus bleibt im Tempel (>eine Passionsgeschichte; vgl. Schatzkiste Teil 1, S.69).

7) Die Evangelisten erinnern uns an die Versuchungen **unseres** Lebens, die alle in der Urversuchung basieren: Sein-zu-wollen-wie Gott. Aber in der Gefolgschaft Jesu wird keine Versuchung so groß werden, dass wir sie nicht bestehen könnten.

Wen heiratete Kain?

1) Die Geschichte in **Genesis 4** zeigt mehrere **Probleme**: Warum missachtet Gott das Opfer Kains? Wie können Kain Arbeiter und Abel Hirte sein, wenn die ersten Menschen vor 2 Millionen Jahren von der Jagd, dem Fischfang und den Früchten der Erde lebten? Erst von Mose (Pentateuch) wissen wir, was Gott für Abel anordnet. Wo hinaus lädt Kain den Abel ein? Wer soll Kain töten wollen? Woher kommen diese angeblichen Menschen? Wo kommt Kains Frau (V. 17) her?

2) Die **Kainsgeschichte** hat wohl **drei Etappen** durchgemacht: Zuerst eine volkstümliche Erzählung über den antiken Helden Kain, den Gründer der Kainiten, der Nachbarn Israels. Die Epoche ist geprägt von Stadtkulturen mit religiösem Hintergrund. „Kain" bedeutet „erwerben": so sagt seine glückliche Mutter > Gen 4,1.

Groß geworden ist Kain, der Gründer eines Beduinenstammes, im Süden Israel. Sei ne Geschichte schließt seine Heirat mit einem Mädchen dieses Stammes ein und nennt auch seinen ersten Sohn Henoch (4,17).

3) Die Kainiten waren stolz auf ihren **Gründer** und sahen ihn halbgöttlich. Darum erklären sie auch seinen Namen.

Ihr Leben in der Wüste war ziemlich entbehrungsreich. So fragten sie sich irgendwann, woher das kommt. Sie kamen auf die Idee, dass da ihr Gründer wohl etwas falsch gemacht haben musste, vermutlich in der eigenen Familie. So kam es zur Abelgeschichte.

Sie erlaubten aber keine Rache gegenüber Kain, deshalb trägt er das schützende Mal auf der Stirn (V.19).

4) Die **zweite** Etappe lässt Kain sprechen, während Abel stumm bleibt. Kain spricht mit Gott. Er ist der Handelnde. Abel wird zur dekorativen Figur. Sein Name bedeutet ja „Nichts".
In der **dritten** Etappe unserer Geschichte (8. Jh. v. Chr.) wird Kain von einem anonymen Autor zum Urheber des **Bösen** in der Welt gemacht, also eine Fortsetzung des Adam-Eva-Sündenfalls. Diese haben Gottes Gebot missachtet, Kain ist die Fortsetzung. Abel steht da als Bruder für die gesamte Menschheit. Das Böse wächst in der Welt.

5) Die Adam-Eva-Geschichte hat **4 Teile:** Gottes Gebot – Ungehorsam des Menschen – Strafe Gottes – Hoffnung für die Zukunft (geschenkte Kleidung). Auch die Kain-Abel-Geschichte hat 4 Teile: Gottes Gebot – Ungehorsam des Kain – Strafe Gottes – Hoffnung (Mal an der Stirn).
Beide wollen den **Ursprung des Bösen** in der Welt erklären. Der biblische Autor sieht den Bruch der Beziehung zu Gott und dann zum Mitmenschen als Ursache. Ihm geht es nicht darum, welche Frau Kain heiratet, sondern wie das Böse sich in der Welt verbreitet.

6) Das **Revolutionäre** der Geschichte besteht darin, dass die Beziehung zum Mitmenschen dieselbe Würde hat wie die Beziehung zu Gott. In einer Zeit, in der Regenten von Staat und Religion den Menschen nach dem Motto „Gott will es" Lasten aufbürden und sich selber bedienen lassen, wird hier die Gottesbeziehung unmittelbar mit dem Verhalten den Mitmenschen gegenüber gesehen.

7) **Jesus** hat diese Sicht 8 Jh. danach aktualisiert und nicht nur auf Juden bezogen,

sondern auf alle Menschen: Gott lieben UND den Nächsten wie sich selbst, selbst wenn er wie der barmherzige Samariter den „falschen" Glauben hat.

Ritt Jesus auf zwei Eseln?

1) Beim Einzug Jesu in **Jerusalem** (>Palmsonntag) taucht ein **Esel** auf, auf dem noch niemand geritten ist (Mk 11,2). Dies wird man historisch kaum nachweisen können. Wichtiger ist die theologische Aussage. Jesus ist kein gewöhnlicher Pilger. Nein, das ist ein religiöser Akt von höchster Bedeutung.

2) Matthäus (21,2) spricht von **zwei Eseln**, einer Eselin und ihrem Fohlen. Setzt sich Jesus auf beide? Wie das? Manche griechischen Handschriften haben deshalb den Plural in Singular verwandelt. Hieronymus sieht in der angebundenen Eselin das jüdische Volk, im Eselchen die Heiden. Andere sehen Anklänge an die Torah (Gen 49,11 und Ex 4,20) oder das 2. Samuelbuch (16,1).

3) Johannes **Calvin**, der Genfer Reformator, entdeckte: Matthäus (21,4.5), der ja für Judenchristen schreibt, hat eine **Prophetie** erfüllt gesehen, die Mk und Lk nicht berichten. Er knüpft an Sacharja an (9,9): „Dein König kommt ....auf einem Esel, einem Fohlen, aufgezogen von einer Eselin." Das ist ein Gedicht mit einem **Parallelismus** im Vers wie in den Psalmen 49,2; 6,2.3; 19,2: man wiederholt das Gesagte in anderen Worten. Ein Stilmittel zur Hervorhebung!
Matthäus legt ja großen Wert darauf, dass sich in Jesus das Erste Testament **erfüllt**. Er zeigt im Gegensatz zu den Schriftgelehrten und Pharisäern, dass Jesus (einschließlich seines Kreuzestodes) kein Gottverfluchter ist, sondern einer, der erfüllt, was zuvor gesagt worden ist.

4) Es sind **10 Szenen**, die Mt aus „den Schriften" (also unserem AT) erwähnt und die sich in Jesus für ihn erfüllen: 1. Geburt Jesu (Mt 1,23 > Jes 7,14), 2. Flucht

nach Ägypten (2,15 > Hos 11,1; Num 24,8), 3. Kindermord (2,18 > Jer 31,15), 4. Nazareth (2,23 > Jes 11,1; vgl. auch Joh 1,46), 5. Jesu Predigt in Galiläa (4,14-16 > Jes 8,23; 9,1); 6. Jesu Heilungen (8,17 > Jes 53,4), 7. Jesu Zurückhaltung (12,17-21 > Jes 42,1-4), 8. Jesu Parabeln (13,35 > Ps 78,2), 9. Judas (27.9.10 > Sach 11, 12.13), 10. Einzug in Jerusalem (21,4.5 > Jes 62, 11; Sach 9,9).

5) Das sog. **Thomas-Evangelium** aus Nag Hammadi wird später sagen: 'es ist unmöglich, gleichzeitig auf zwei Pferde zu steigen'. Mt hat dieses Problem nicht. Ihm geht es nicht um die Frage: Ist das möglich oder nicht? Sondern: „So erfüllte sich das Wort des Propheten..."

6) Dabei scheint es Matthäus wichtig zu sein, das Handeln Jesu **nicht** vorherbestimmt zu sehen. Vielmehr erfüllt Jesus mit seinem **Leben**, was er sagt. Das ist für uns als Lesende der Bibel, als Glaubende, als Zweifelnde, als Suchende wichtig: zu leben, was wir gelesen haben.

War Johannes der Vorläufer Jesu?

1) Jesus selbst sagt von Johannes dem Täufer, dass es keinen Größeren als ihn gab, der geboren wurde (Mt 11,11). Die Tradition sagt, er habe auf Jesus **verwiesen**. Grünewald hat dies eindrücklich gemalt im Isenheimer Altar. Aber wen meint der Täufer, wenn er von dem spricht, der nach ihm kommen wird? Meint er wirklich Jesus?

2) Ende des Jahres 26 zieht Johannes von Jerusalem weg an den Jordan in der Nähe der Mündung ins Tote Meer. Dort **predigt** er und benützt für seine Hörer als äußeres Zeichen die **Wassertaufe**. Alle möglichen Schichten der Leute kommen zu ihm und lassen sich zum Zeichen ihrer Bußbereitschaft taufen. Johannes bittet darum, den Lebensstil zu ändern, sich Gott zuzuwenden und Gutes zu tun. Bescheiden erklärt er, er sei nicht der Eigentliche, er sei nur Vorbote. Von wem?

3) Im **Gefängnis** hört Johannes von Jesus, der ähnlich predigt und doch anders: das Reich Gottes kommt nicht demnächst, sondern **ist da,** zeigt sich in Jesu **Heilungen** und Exorzismen und in seinem Zugehen auf Ausgegrenzte. Im Gegensatz zu Johannes spricht Jesus **nicht** von **Strafe**, **sondern** von **Barmherzigkeit.** Aber vor allem kommt zuerst der Indikativ, die Zusage, daraus folgt der Imperativ, aber NIE als Bedingung, sondern als Folge!

Dieser Duktus **verwirrt** den Täufer offensichtlich, und er lässt fragen, ob Jesus der Erwartete sei. Jesus sagt weder ja noch nein. Er **zitiert** (so Matthäus) aus Jes 26,19; 29,18.19; 35,5 und 61,1. Er fügt dann – sicher zur Überraschung des

Täufers und seiner Anhänger - hinzu: „...und wohl dem, der an mir keinen **Anstoß** nimmt" (Mt 11,6). Das aber haben die Frommen, nämlich Anstoß genommen und wohl auch Johannes, der eine andere Vision als Jesus hat, nämlich die vom Strafgericht Gottes.

4) Eine **Reaktion** des Johannes ist uns nicht bekannt. Vermutlich hat er Jesus nicht begreifen können. Die **Rivalität** zwischen den Jüngern Jesu und denen des Johannes setzt sich ja z.B. in Ephesus fort. Darum schreibt Lukas im Jahr 80 sein Evangelium mit Jesu Kindheitsgeschichte bewusst anders als Matthäus. Er nimmt die **Kindheitsgeschichte des Täufers** als Vorstufe für die des Jesus, während Matthäus **fünf** Episoden (wie die **Fünf** Bücher der Torah) erzählt, bei der jede eine Prophetie des AT erfüllt.
Johannes selbst hat wohl Jesus weder verstanden noch akzeptiert, was Jesus wichtig gewesen ist. Schon gar nicht hat er sich selbst als Vorläufer Jesu betrachtet. Das hat Lukas so „konstruiert", um die Johannesjünger nicht abzustoßen, sondern geneigter zu machen. Ein „kirchenpolitisch" wichtiger Schritt!

5) Dies macht auch Jesu Wort über Johannes verständlich: „Kein Größerer als er ist unter den Menschen geboren, aber der Kleinste im Himmelreich ist größer als er" (Mt 11,11). Johannes verharrt noch im Imperativ, der Kleinste im Himmelreich im Indikativ. Nicht Appelle, nicht Autoritarismus, Gewalt oder Macht lösen wirklich ein Problem, sondern die verzeihende und ermutigende **Liebe Gottes**, die in Jesus erschienen ist.

Die Frau des Pontius Pilatus

Als Pilatus Jesus verhört, schickt seine Frau jemand mit der Botschaft, sich nicht einzumischen in die Sache Jesu, denn sie „habe im Traum wegen Jesus gelitten" (Mt 27,19).

1) Ein apokryphes Buch aus dem 6. Jh. nennt sie **Procula**. Eine Chronik aus dem 16. Jh. spricht von ihrem zweiten Namen Claudia. Origenes erzählt, sie sei danach Christin geworden. Die syrischen Pilatus-Akten aus dem 5. Jh. berichten, sie sei bei der Enthauptung ihres Mannes an seiner Seite gewesen und habe gesehen, wie ein Engel den Kopf des Pilatus zu Gott getragen habe. Unmittelbar darauf sei sie gestorben und mit Pilatus zusammen begraben worden. Die orthodoxe und die äthiopische Kirche verehren sie als **Heilige.**

2) Nach Sueton konnte die Frau des Gouverneurs gar nicht in der Provinz gelebt haben, sondern in Rom. Nach Tacitus allerdings sehr wohl. Dennoch stellt der Text **Fragen** an uns: Woher kannte sie den Galiläer Jesus? Warum nennt sie ihn „gerecht"? Warum hat sie ihren Traum nicht morgens beim Frühstück ihrem Mann erzählt? Wie kommt die Nachricht genau im richtigen Moment auf den Tisch des verhörenden Pilatus?

3) Vermutlich handelt es sich um eine **Legende**. Solche Legenden von Frauen regierender Männer gab es öfters. Außerdem ist es gut möglich, dass Matthäus von dieser Legende gehört hat. Er stammt aus Antiochien, Pilatus residiert in Cäsarea. Beide Städte sind über ihre Häfen wirtschaftlich verbunden gewesen. Eine ähnliche Legende gibt es von **Caesars Frau**, die ihrem Mann am Morgen des

Anschlags von ihrem Traum erzählt und ihn bittet, nicht in den Senat zu gehen. Er tut es dennoch und wird an Iden des März 44 v. Chr. ermordet. **Matthäus** hält viel von Träumen: die Träume Josefs, der Weisen und der Procula.

4) Was ist die **Botschaft der Legende**? Soll die Schuld des Pilatus umso schwerer wiegen? Aber Mt schildert ja seinen Versuch, Jesus freizulassen. Darum wäscht er seine Hände „in Unschuld". Soll die Schuld des Volkes Gottes umso schwerer wiegen, zumal eine Ausländerin Jesus verteidigt? Aber Mt schreibt ja für Judenchristen. So will er doch kaum seine Landsleute noch mehr beschämen.

5) Der **Traum** Proculas zeigt weder die Bosheit des Pilatus noch die Schuld des jüdischen Volkes, sondern den **Eintritt der Heiden in die Kirche**. Deshalb auch die Parallele zum Traum der Weisen (Mt 2). Wie die Weisen das Kind Jesus vor dem Tod retten, weil sie nicht zu Herodes zurückkehren (2,12), so will die Frau des Pilatus den erwachsenen Jesus retten.

6) Träume gehen nach der Bibel auf **Gott** selbst zurück. So wird die Aufnahme der Heiden, die in Antiochia begonnen hat (> Biblische Schatzkiste Teil 1, S.53), von Matthäus in seinem Evangelium als Werk Gottes gerechtfertigt.

7) Die **Parallelen** zwischen dem Traum der Weisen und dem Proculas, der Frau des Pilatus, sind auffallend: 1. Ausländer kommen: die Magier – eine Römerin. 2. Beide Male soll Jesus sterben. 3. Vertreter des Römischen Reiches sind präsent: Herodes – Pilatus. 4. Jüdische Autoritäten sind beide Male einbezogen. 5. Zweimal wird nach dem König der Juden gefragt. 6. Gott spricht beide Male im Traum zu den Menschen. 7. Beide Male verschwinden die Protagonisten im

Dunkel der Geschichte.

Der Traum Proculas, der Gattin des Pilatus, vollendet den der Weisen. **Orient** (die Magier) und **Okzident** (die Römerin), Ost und West sind von der Heilsbotschaft umfangen. So bezeugt die Römerin den „Gerechten Gottes“.

Der plötzliche Tod von Ananias und Saphira

Normalerweise rufen Wunder Freude und Erstaunen hervor. Aber was dem Ehepaar Ananias und Saphira geschah, lässt uns das Blut in den Adern gefrieren (Apostelgeschichte 5,1-11).

1) Das Leben der ersten Gemeinden ist erfüllt vom **Geist des Teilens** (Apg 2,44.45). Alle sind bereit zu teilen mit denen, die weniger haben. Folglich gibt es keine Armen. So verkauft ein Levit namens Barnabas ein Stück Land und bringt seinen Erlös den Aposteln zum Verteilen. Dieses Beispiel regt auch andere an (4,34.35).

2) So kommt auch **Ananias** und übergibt Petrus einen Geldbetrag. Dieser erkennt – der Text sagt nicht wie –, dass Ananias einen **Teil** des Geldes für sich behalten hat. Das hat er zwar tun dürfen. Aber er tut so, als hätte er den ganzen Erlös gebracht. Da greift Petrus ihn an und hält ihm vor, er habe den Heiligen Geist **betrogen**. Niemand habe ihn gezwungen, alles zu geben. Aber **so tun als ob**... das sei Betrug. Kaum hat Petrus geendet, fällt Ananias **tot** um. Alle sind betroffen. Der erste Christ der Gemeinde von Jerusalem stirbt, ohne dass jemand Hand an ihn gelegt hat. Ohne Ritus wird er sofort begraben.

3) Drei Stunden später kommt seine Frau **Saphira** – vermutlich um nach ihm zu schauen. Niemand hat sie informiert vom Tod ihres Mannes. Niemand erzählt, was passiert ist, und die Apostel sind immer noch da, als wäre nichts geschehen. Petrus stellt auch sie zur Rede. Sie lügt und fällt **tot** um wie ihr Mann. Furcht ergreift alle.

4) Warum erzählt Lukas dieses bedrückende Ereignis? Er will uns wohl auf einen ganz **wesentlichen** Punkt verweisen: Gott, dessen Gegenwart früher im Jerusalemer Tempel in besonderer Weise erfahrbar gewesen ist, hat sich jetzt mitten hinein in die christliche Gemeinde begeben. Lukas schreibt die Apostelgeschichte ums Jahr 90, also 20 Jahre nach der Zerstörung des Tempels durch die Römer. Die **Gegenwart Gottes** im Tempel gibt es **nicht** mehr, dafür aber **jetzt** spürbar in der christlichen Gemeinde.

5) Hintergrund ist: Beim **Exodus** durfte das Volk sich im Sinai nicht auf den Berg Horeb begeben. Wer die gebotene Grenze überschritt, musste sterben (Ex 19,12). Daraus ist die Überzeugung gewachsen: wer sich Gott **unbotmäßig** nähert, stirbt (vgl. Lev 10,1.2 und Num 16,31-35). Als das Volk Israel im Verheißenen Land angekommen ist und einige die Bundeslade aus Neugier öffnen, sterben 70 Personen (1 Sam 6,19).
Als David die Bundeslade in ein neues Heiligtum transportieren lässt, droht sie in einem Moment vom Transportkarren zu fallen. **Usa** streckt instinktiv die Hand aus, um sie zu stützen und stirbt auf der Stelle. Nur ein Priester hätte sie berühren dürfen.
Anm.: Merkwürdig, dass eine doch gebotene Hilfeleistung mit dem Tod bestraft wird.

6) Lukas beschreibt nun in der Ananias-Saphira-Geschichte ähnliche Umstände. Die Botschaft des Lukas: Ist **früher** der Tempel die heilige Stätte gewesen, ist es **jetzt** die christliche Gemeinde, ist sie doch der **Leib des auferstandenen Christus, der Tempel des Hl. Geistes.** Wer sich an ihr versündigt, versündigt sich an Gott

selbst.

Gott bestraft weder den Lügner noch den Habgierigen mit dem Tode, wohl aber den, der die christliche Gemeinde als neuen Tempel täuscht oder betrügt. Deshalb verbreitet sich nach dem Tod des Ehepaares große Furcht in der ganzen Kirche (Apg 5,11).

Das jüdische Volk ist überzeugt: Gott residiert im Tempel. Die erste Christenheit begreift: Gott residiert jetzt in der Gemeinde. Er ist aus den vormals heiligen Mauern des Tempels ausgezogen und wohnt jetzt in der Gemeinde, ist doch jedes Mitglied dieser Gemeinde ein Tempel des Heiligen Geistes: „Wenn mich einer liebt, komme ich mit dem Vater zu ihm und wir werden in ihm wohnen" (Joh 14,23).

7) Wie viel **Geld** geben wir für Kirchengebäude aus und wie viel für die lebendigen Tempel des Heiligen Geistes, insbesondere die Schwachen, Gescheiterten, Armen? Christliche Aufgabe resultiert aus der Tatsache, dass in **jedem** Menschen Gott wohnt.

Gott, Glaube und Coronavirus

1) Im Jahre 2007 präsentierte der nordamerikanische Senator E. Chambers eine Anklage gegen Gott. Der Vorwurf: Gott verursache verschiedene Arten von Übeln in der Welt wie Pest, Überschwemmungen und Erdbeben. Er würde Kinder wie alte Menschen ohne Mitleid und ohne Gewissensbisse töten. Er, Chambers, habe vergeblich versucht, Gott zu kontaktieren. Ohne Erfolg! Deshalb bitte er das Gericht um einen Schuldspruch.

2) Die Nachricht löste ein Lächeln aus. Dennoch sind viele der Ansicht, Gott sei verantwortlich für Tragödien und Katastrophen, die die Menschheit geißeln. Er schicke sie, dass Menschen sich wieder zu ihm kehren.
So hat auch jetzt die Pandemie mit dem Coronavirus vor allem zwei Fragen ausgelöst:

A. Hat Gott mit dieser Geißel etwas zu tun?

1) Die Frage ist berechtigt: Straft Gott im AT nicht immer wieder Menschen mit Krankheiten und Tod? 2 038 333 Menschen werden im AT umgebracht – ohne Sintflut, Sodom und Gomorra samt ägyptischen Plagen mitzuzählen – und das alles von Gott? Andrerseits hat Satan nur 10 Menschen umgebracht (die Kinder Hiobs). Wie kam das Volk Israel zu einem solchen schrecklichen Gottesbild?

2) In der Zeit **vor** Jesus Christus kannte man viele Naturgesetze noch nicht. Ebenso wenig sprach man von menschlicher Freiheit und Verantwortung, wie dies dann viel später die mittelalterliche Theologie, etwa Thomas von Aquin, tat. Dieser betonte im Anschluss an Aristoteles die Eigengesetzlichkeit der

Schöpfung und des Menschen im Rahmen der letztlich umgreifenden Liebe Gottes, aber eben letztlich! Davor schob man direkt Gott zu, was man nicht erklären konnte. Ob gut oder schlecht, alles komme von Gott gemäß Jes 45,7: „Der das Licht formt und das Dunkel erschafft, der das Heil macht und das Unheil erschafft, ich bin der Herr, der all dies macht." Als dann aber Jesus kommt, **ändert** sich dies.

3) Obwohl die Wissenschaft vieles immer noch nicht erklären kann, bringt Jesus eine **revolutionäre Idee**: Gott schickt niemand und niemals ein Übel, er schickt **nur Gutes**. Darum heilt Jesus Kranke und räumt so mit der Idee auf, Gott schicke Krankheiten. Jesus weckt Tote auf, um zu zeigen, dass auch der Tod keine Strafe Gottes ist.

Gott braucht kein Unglück, um Menschen auf den rechten Weg zu bringen, noch ist Krankheit eine göttliche Strafe für Sünden (Joh 9,3). Gott **liebt zutiefst** den Menschen und „kann" gar nichts schicken, was den Menschen leiden lässt (Joh 3,16.17), weil er es gar nicht will.

Freilich erklärt Jesus nicht, woher die schlimmen Dinge kommen und warum sie geschehen. Aber er sagt klar, woher sie **nicht** kommen, nämlich nicht von Gott. Wer deshalb Gott ein Übel zuschiebt, missachtet seine Liebe. Gott schickt also keinen Virus.

B. Kann Gott den Virus vernichten oder uns davon befreien?

Viele sagen ja, organisieren Gebetsketten und Fastentage. Sie sind der Überzeugung: je mehr gebetet wird, desto eher erhört Gott. Aber warum hört Gott nicht ihr Gebet? Warum sterben weiterhin täglich so viele oder sind krank?

1) Irrt sich Gott? Nein, wir irren uns. **Gott ist reine Liebe.** Er denkt an unser Glück. Wenn uns dann ein Unglück trifft, gehört das zu den Herausforderungen unseres Lebens. Ja, und Gott? **Er lässt uns nicht allein.** Deshalb haben wir das Kreuz Jesu, das große Zeichen der Solidarität Gottes mit uns.

Gott handelt **an** und wirkt **in** der Welt seit ihrer Erschaffung. Aber er wirkt **nicht** ohne uns. Er behandelt uns nicht als Marionetten, die man am Schnürchen zieht, sondern als freie Menschen, als Mitwirkende an der Schöpfung.

Wenn wir sie missachten, z.B. in der Klimafrage, ist es kein Wunder, wenn uns eines Tages schlimme Folgen treffen. Aber nicht Gott ist der zerstörende Akteur. Wir sind es. Darum können wir nicht Gott bitten und selber nichts tun oder gar etwas tun, was seinem Schöpfungswillen zuwider läuft, aber dann ihn anklagen! Es ist ein infantiles Verhalten, das den Papa bittet: „Mach du!" Aber selber handeln wir zu unserem Unglück. Justin sagte im 2. Jh.: „Die Vorsehung Gottes ist der Mensch."

2) Wir sollten im **Gebet** nicht Gott um etwas bitten, was wir selber tun können. Natürlich dürfen wir ihn um Kraft oder Geduld bitten, wenn wir uns ohnmächtig fühlen. Aber er löst **nicht** unsere Probleme, weil er uns liebt und uns gerade deshalb etwas **zutraut.** Er löst **uns innerlich**, dass wir nicht die Hände in den Schoß legen, sondern uns besinnen auf die Gaben, die er uns anvertraut hat: unsere Intelligenz, unseren Willen, unsere Fähigkeit, Probleme zu lösen.

Statt zu beten „Gib dem Hungernden dein Brot", sagen wir: „Herr, ich will mein Brot teilen mit dem, der hungert. Bewahre du mich davor, müde zu werden und aufzugeben."

Statt zu beten „Gib der Welt Frieden", sagen wir: „Herr, ich biete dir an, in meiner Welt Frieden zu schaffen. Du weißt, wie schwer das gerade ist. Aber ich weiß, dass du mich nicht verlässt. Danke!"

Statt zu beten „Gib meiner Mutter Gesundheit", sagen wir: „Herr, ich will meine Mutter öfter besuchen und ihr beistehen. Ich bin ihr dankbar für vieles, und das möchte ich sie spüren lassen."

Wenn wir in Versuchung sind, Gott etwas „aufzuhalsen", was unsere Sache ist, dann lasst uns seine Stimme hören, seine liebende Stimme, mit der **er** uns vielleicht gerade bittet, uns auf den Weg zu machen.

Das richtig verstandene Bittgebet heißt „Dein Wille geschehe ... auch durch mich, darum bitte ich dich."

Wollte Jesus Priesterinnen?

1. Nein! Er wollte aber **auch** keine Priester. Zumindest deuten die Evangelien nichts Entsprechendes an. Der historische Jesus war Laie und sprach nirgends von der Notwendigkeit eines Tempels oder von Priestern. Er sammelte eine Gruppe von Jüngerinnen und Jüngern um sich und vertraute ihnen eine Botschaft an. Da ist von keinem Tempel die Rede. Im Gegenteil! Das Johannesevangelium und die Apokalypse (21,22) brauchen **keinen Tempel** aus Stein. Jesus spricht bei Johannes (2,21) vom Tempel seines Auferstehungsleibes. **Paulus** hat Jahre zuvor bereits vom **Leib Christi** gesprochen, an dem wir alle Glieder sind (1 Kor 12,27). Der 1. Petrusbrief (2,4-10) spricht davon, dass wir **alle** ein **priesterliches** Geschlecht sind, das berufen ist, die Versöhnung Gottes in die Welt zu tragen. Musste der alttestamentliche Priester noch Opfer darbringen, um Gott zu versöhnen, sind jetzt alle berufen zur Versöhnung in die Welt hinein. Wenn es also keinen Tempel als Gebäude mehr braucht, braucht es weder spezielle Priester noch Priesterinnen. Lukas zeigt im Gleichnis vom barmherzigen Samariter (10,25-37), worin priesterlicher Dienst jetzt besteht: dem Nächsten konkret zu helfen.

2. Paulus hat in Korinth und anderen Gemeinden Dienste eingesetzt, die für das „Funktionieren" des Leibes Christi wichtig sind (1 Kor 12). Da ist u.a. auch der Dienst der **Leitung** (12,28). Diesen Dienst haben Männer **wie** Frauen ausgeübt. Der erste diesbezügliche Dienst wird laut Lukas in der Apostelgeschichte von einer Frau ausgeübt: **Lydia** in Philippi (Apg 16,14.40).
Ferner grüßt Paulus in Röm 16 und 1 Kor 16 Frauen wie Männer, die eine leitende Funktion in der Gemeinde hatten. Auch das berühmte Ehepaar Priska und Aquila

wird in der Apostelgeschichte mehrfach erwähnt. Beide haben Gemeinde geleitet.
Ebenso ist „**Nymphas** und ihre Hausgemeinde“ zu erwähnen (Kol 4,15).

3. Es gab also in der ersten Zeit Presbyter (>Priester, Älteste) **männlichen wie weiblichen** Geschlechts. Sie hatten keine vermittelnde Funktion mehr zwischen Gott und den Menschen wie die alttestamentlichen oder heidnischen. Dieser Dienst wurde ein für allemal (Hebr 9,12) im Dienst des einen Hohepriesters Jesus Christus vollendet. So gibt es „Priester“ im neutestamentlichen Sinn nur noch als als Leiterinnen und Leiter von Gemeinden.
Die Frau des Petrus hat übrigens auch den Titel „presbytera“ gehabt. Außerdem gibt es zwei Mosaiken in Santa Prassede (hinter Maria Maggiore in Rom), wo Theodora, die Mutter von Papst Paschalis I. (+824) den Titel EPISCOPA trägt. Zwar ist sich die Forschung nicht sicher, ob dort in der Zenokapelle auch ihre Grabstätte ist, aber immerhin steht da der Titel für „Bischof“ (episcopus). Diese Frau hat übrigens keinen runden Heiligenschein, sondern einen viereckigen – ein Hinweis darauf, dass sie, als das Mosaik geschaffen wurde, noch gelebt hat.
Zumindest während der ersten drei Jahrhunderte hat es in der Kirche Männer wie Frauen in der Gemeindeleitung gegeben. Mitte des 5. Jhs. bezeugt eine Grabinschrift in Tropea (Süditalien) eine „Leta Presbytera“. Auch in Dalmatien (Salone), Nordafrika (Hippo), Poitiers wie in Thrakien hat es die Titel presbytera, sacerdota, presbyterissa auf Inschriften gegeben.
Peter Tremayne, Pseudonym eines englischen Historikers (Fidelma-Krimis!), bezeugt, dass es in Irland noch im 6. Jh. Priesterinnen gab, dass aber dann der immer stärker werdende römische Einfluss sie zurückgedrängt hat.

4. **Athanasius** (4.Jh.) schreibt, dass die heiligen Jungfrauen Brot mit dem Kreuz segnen und die Danksagung sprechen könnten, denn das Reich Gottes sei weder männlich noch weiblich.
Papst Gelasius I. (+496) beklagt zwar, dass Frauen am Altar die Messe feiern würden, was doch dem männlichen Geschlecht vorbehalten sei. Damit wird aber klar, **dass** es diese offensichtlich gab.
Aton, Bischof von Vercelli, antwortet dem Priester Ambrosius (9./10.Jh.), auch Frauen könnten den Dienst des Presbyterates und des Diakonates ausüben unter Hinweis auf **Phöbe**, die Paulus im Römerbrief erwähne (Röm 16).
Papst Honorius III. schreibt an die Bischöfe von Burgos und Valencia, sie sollten den Äbtissinnen die Kanzel verbieten, was also wohl **üblich** war.

5. Wenn also Papst Johannes Paul II. erklärt, die Kirche habe keine Möglichkeit, Frauen zu Priesterinnen zu weihen, weil in der katholischen Kirche dies **immer** nur Männern möglich gewesen sei, stimmt das historisch einfach nicht. Offensichtlich ist hier Ratgeber gewesen: „Was nicht sein darf, das kann nicht sein." Warum denn diese Angst, die historische Tatsachen einfach leugnet? Welche Missachtung der fraulichen Würde spricht aus dieser Weigerung, die andrerseits eine Marienfrömmigkeit gefördert hat, die alles andere als die schlicht biblische Darstellung Mariens ist? Ist das dann Kompensation? Ich frage nur.

6. Es gab nicht nur Priesterinnen in der Kirchengeschichte, es gab auch **Apostolinnen**. Maria Magdalena war die erste, denn ihr begegnete der Auferstandene und sandte sie zu seinen Jüngern. Das ist das Kennzeichen des Apostels: Begegnung mit dem Auferstandenen und Sendung!

Paulus berichtet im Römerbrief von **Junia**, einer „**hervorragenden**" Apostolin, die mit ihrem Mann Andronikus für Paulus sehr wichtig geworden ist und sogar das Gefängnis geteilt hat (Röm 16,7).
Grammatikalisch gesehen steht Junia im Akkusativ. Im 1. Jh. gab es noch keine Akzente. So kann das Geschlecht ohne Akzent männlich oder weiblich sein. Der Papyrus 46 ums Jahr 180 schreibt statt Junia dann Julia. Die lateinischen, koptischen und syrischen Übersetzungen des Griechischen sprechen aber eindeutig von einer Frau.
Origenes, Johannes Chrysostomus, Rufinus, Hieronymus, Johannes Damascenus, Rhabanus Maurus, Abälard u.a. bezeugen, dass es sich um eine Frau handelt.
„Apostel sein ist etwas Großes. Aber eine 'hervorragende' zu sein, das ist außerordentlich. Jene Frau muss eine große Persönlichkeit gewesen sein, um den Titel 'Apostel' zu verdienen" (Johannes Chrysostomus).
Der einzige frauenfeindliche Autor der Antike ist Epiphanias von Salamis (4. Jh.). Er macht auch aus Priska einen Mann und schreibt Abscheuliches über die Frauen.
Im 13. Jh. beginnen die Zweifel am Geschlecht der Junia. Egidio von Rom spricht von Junias. Begründung: Eine Frau kann nicht Apostolin sein („Was nicht sein darf..."). Aus Junia wird Junianus.
In der ersten deutschen Einheitsübersetzung haben wir noch Junias, in der zweiten (2017) ist es endlich wieder Junia!

7. Junia gehörte wohl nicht zum engeren Jüngerkreis, aber Paulus und Barnabas auch nicht, Matthias kam auch später dazu. Junia kam **vor** Paulus zu Christus. Mit ihrem Mann begründete sie vermutlich die Kirche von Ephesus. Ob sie noch Zeugin des Auferstandenen war, können wir nicht sagen. Sie ist aber die einzige

Frau im NT, von der wir wissen, dass sie um Christi willen im Gefängnis war. Vermutlich war sie Jüdin, die sich in Palästina zu Christus bekehrte. Vielleicht regte Petrus sie durch seine Predigten an. Vermutlich starb sie in Rom den Märtyrertod.

Jedenfalls ragt sie unter den Aposteln laut Paulus hervor.

Frage: Wenn Junia für die Urkirche so wichtig war, warum werden dann heute die Frauen von den Weiheämtern ausgeschlossen?

Sind Teufel und Dämon dasselbe?

1) Das NT **unterscheidet** beide genau. Die Dämonen sind zB. verantwortlich für Besessene. Krankheiten, die man nicht erklären konnte, sah man als dämonische (nicht teuflische!) an. Das Wort daimonion meint kein personales Wesen, sondern eine unpersönliche Kraft. Es ist kein Substantiv, sondern ein substantiviertes Adjektiv, sozusagen eine Form von Virus.

2) Die damalige **Medizin** sprach nur bei innerlichen Krankheiten von dämonisch, also nicht bei Blinden oder Leprösen, wohl aber beim Stummen (Mt 9,32), beim Tauben (Mk 9,25), beim Epileptiker (Mt 17,14-20). Oder wenn ein Verrückter (Dementer?), der äußerlich gesund schien, unbegreifliche Dinge sagte (Mk 5,16).

3) Freilich traf das Urteil „dämonisch" auch **außergewöhnliche** Menschen: z.B. den Täufer Johannes (Mt 11,18) oder Jesus (Joh 8,52; 10,19f.). In diesen Fällen meint dämonisch „verrückt".
Heilt Jesus eine äußere Krankheit, wird sie „Heilung" genannt; handelt es sich um eine innere, ist es eine „Dämonenaustreibung".

4) **„Teufel"** (hebr. sátanas, griech. diábolos) existiert nur im Singular. Er kommt von außen: Bei Jesus in der Wüste (Mt 4) oder bei Judas (Joh 13,2). Er sät Unkraut (Mt 13,24-39), er reißt das Wort Gottes aus dem Herzen der Menschen (Lk 8,12), er hindert Paulus am Verkündigen (1 Thess 2,18) oder er bewirkt eine Christenverfolgung (Apk 2,9).
Der Teufel ist mit der Sünde verbunden (1 Joh 3,8; Joh 8,44).
Folglich:

Dämon: unpersönliches Wesen, Singular oder Plural, handelt im physisch wahrnehmbaren Bereich, kommt von innen, führt zu Besessenheit. Die Folge sind Krankheiten, die einen Exorzismus brauchen.

Teufel: persönliches Wesen, Singular, handelt im moralischen Bereich, kommt von außen, führt zu Versuchung. Die Folge ist Sünde, die Vergebung braucht

Ausnahme: Bei Maria Magdalena wird eine psychische Krankheit in der Folge von manchen moralisch gedeutet.

5) Heute: wir kämpfen nicht gegen Dämonen, sondern gegen uns selbst > inneres Chaos, Erschöpfung, Hoffnungslosigkeit. So sprechen wir auch von **Dämonien**, wenn wir an den Nationalsozialismus denken oder an Rassenhass, Ausländerfeindlichkeit, religiösen Fanatismus etc.

Pandemie

1) Die Pandemie, die wir erleiden, ist ein **Unglück,** aber sie ist auch eine große **Lehrmeisterin**. Sie lehrt uns wichtige Dinge, die wir uns nicht vorstellen konnten. Zum Beispiel enthüllt sie uns, wie **wenig** Einfluss die Religionen auf die Sorgen der Menschen haben. Wir müssen schon fragen: Laufen die Kirchen einfach dem Staat hinterher? Haben sie nichts Eigenes zu sagen?

2) Als man Gottesdienste staatlicherseits verbot, wussten viele Kirchenleute nicht weiter. Manche wurden computeraktiv oder streamten eine kirchenleere Pfarrersmesse. Hilflos? Nach dem Evangelium hat Jesus **nicht** gebeten, einen Tempel zu bauen. Er hat auch keine Prozessionen organisiert. Dennoch ist das Bild Jesu weltweit bekannt und gegenwärtig. Was sagt uns das?

3) Beschränken wir uns bei den Religionen auf das Christentum. Das wichtigste Ereignis, das die katholische Kirche seit dem Zweiten Weltkrieg erlebt hat, war das **Zweite Vaticanum** (1962-65). Aber paradoxerweise hatte für die Zukunft der Kirche nicht dieses Ereignis den größten Einfluss, sondern die **Krise des Klerus**.

4) Das Konzil hat Wichtiges gesagt über die Theologie der Kirche und ihre Präsenz in der Welt. Aber hat es bewirkt, dass die Kirche einen größeren Einfluss in der Welt hat? Die Pandemie hat die Kirche so an den **Rand** gedrängt, dass sie trotz ihrer jahrhundertelangen Erfahrung zu dieser Situation offensichtlich nichts zu sagen hat. Können weder Religion noch Kirchen bei einer Lösung dieses schweren Problems helfen? Wozu gibt es sie dann? Nur für den Himmel?

5) Ein Problem, warum die Kirche für die wichtigen Fragen der Gesundheit und der Wirtschaft **trotz** wichtiger und eindrücklicher Verlautbarungen von **Papst Franziskus** für viele unerheblich ist, liegt in der inneren Organisation der Kirche: ein alternder und abnehmender Klerus, der immer mehr verhindert, dass die Christen sich genügend um eine Eucharistie scharen können, die sie danach gestärkt an die Konfliktfelder der Gesellschaft sendet. Dabei wäre es einfach, hier **Abhilfe** zu schaffen: der Pflichtzölibat ist kein Dogma, und auch der Frauenordination steht kein Dogma im Weg. So schnell wie möglich sollten Verheiratete wie Frauen genauso wie Ledige für den Dienst des Mahles vorbereitet werden.

Anmerkung von Wolfgang Gramer: Wir von der Pfarrerinitiative Deutschland sind seit Jahren davon überzeugt, dass der Ansatz zu einer Lösung des Leitungsproblem nicht „von oben" geschehen sollte, sondern „von unten", ähnlich der Amazonassynode. Wir verweisen dazu auf unser sog. Erweitertes Lobinger-Modell, das leider von den Bischöfen weder geschätzt noch gar in Angriff genommen und umgesetzt wird. Nach diesem Modell werden die einzelnen Christengemeinden aktiv – und seien sie noch so klein. Sie fragen sich unter Führung des Heiligen Geistes, wozu er sie sendet. Schließlich bestimmen sie mindestens ein Dreierteam von Frauen und Männern, die für Verkündigung, Liturgie von Sakramenten und Diakonie ausgebildet und dann dem Bischof zur Weihe vorgeschlagen werden. Ein Mangel an Leitung wäre so behoben. (Näheres dazu bei mir.)

Eine Münze im Fischmaul

Gewöhnlich geschehen die Wundertaten Jesu öffentlich. Aber bei einem Wunder war Jesus nicht einmal dabei, nur Petrus (Mt 17,24-27).

1) Es ist **erstaunlich**: 1. weiß Jesus, dass die Zöllner mit Petrus gesprochen haben. 2. weiß Jesus, dass es eine Münze in der Meerestiefe gibt. 3. beauftragt Jesus einen Fisch, die Münze zu schlucken. 4. lässt er den Fisch dorthin schwimmen, wo Petrus fischt. 5. kommt dieser Fisch als erster an Petri Angel. 6. verhindert er, dass die Münze beim Öffnen des Fischmauls herausfällt und 7. entspricht die Münze genau dem Steuerbetrag für zwei Personen, also Jesus und Petrus.

2) Während Petrus sonst mit dem Netz fischt, wird hier von einer Angel berichtet. Warum diese komplizierte Handhabung? Warum will Jesus hier keinen Anstoß erregen, was er ja sonst öfters tut? Warum wird die Steuer nur für Jesus und Petrus bezahlt, nicht für die Andern aus dem Jüngerkreis?

3) Die **Steuer**, um die es sich handelt, ist nicht die staatliche für die Römer, sondern die religiöse für den **Tempel**. Einen Monat vor dem Passahfest wurde sie in Palästina verkündet. Dann wurden überall Tische aufgestellt zum Bezahlen. Der Betrag orientierte sich an Ex 30,11-16: ein halber Schekel – entspricht zwei Drachmen; eine Drachme (griech.) war der Tageslohn eines Arbeiters.

4) Die Zöllner fragen Petrus. Wahrscheinlich wollen sie wissen, wie Jesus über diese Steuer denkt. Die Pharisäer fordern diese Steuer einmal pro Jahr vom erwachsenen Mann (Frauen, Kinder und Sklaven sind ausgenommen). Die

Sadduzäer sprechen von einer freiwilligen Steuer; sie selbst sehen sich davon ausgenommen. Die Essener sagen, jeder Israelit müsse sie einmal im Leben bezahlen.

5) Vermutlich hat Jesus sich an die Tradition der Pharisäer gehalten und den jährlichen Tribut entrichtet. Dies hat wohl auch die Jüngergemeinde zuerst so gehalten.
Aber im Jahr 70 zerstören die Römer den Tempel, und die Tempelsteuer hat keinen Sinn mehr. Warum hat dann Matthäus 10 Jahre später die Fischgeschichte mit der Tempelsteuer in sein Evangelium eingefügt?

6) Kaiser **Vespasian** (69-79), der Erbauer des Kolosseums, ordnet an, die jüdische Tempelsteuer müsse weiterhin entrichtet werden, komme aber dem Jupitertempel in Rom zugute. Verständlich, dass die Juden entrüstet sind. Sie sollen Feste, Tänze, Weihrauch und Opfergaben für Jupiter mitfinanzieren. Auch die Judenchristen sind empört. An sie richtet Matthäus sein Evangelium, vor allem an die im syrischen Antiochien, der Wiege der Christenheit. Diese Stadt ist voll von römischen Legionären und zahlreichen Kultstätten.

7) **Matthäus** weiß, dass es gefährlich ist, dem Kaiser die Steuer zu verweigern. So gräbt er die Tempelsteuergeschichte aus, modifiziert sie aber. Er fügt V. 25 ein und lässt Jesus sagen: „Was meinst du, Simon, von wem erheben die Könige dieser Welt Zölle und Steuern? Von ihren eigenen Söhnen oder von den Fremden?" Die Antwort des Petrus „Von den Fremden" macht deutlich, dass die Hörer des Matthäus sich distanzieren von der kaiserlichen Familie. Sie sind nicht Kinder des Kaisers, sondern Gottes. Ihre Identität wird so klar bestätigt.

Matthäus hat auf diese Weise eine demütigende Steuer in ein Zeichen **christlicher Identität** verwandelt. Außerdem hilft er so mit, einen Skandal mit den Römern zu vermeiden.

8) Der **Fisch** ist bei Matthäus ein Zeichen göttlicher Vorsehung (7, 9.10.; 14, 13-21; 15,32-39). Darum sagt Matthäus seiner Gemeinde: Gott kümmert sich liebevoll um seine Kinder, auch in schwierigen Situationen. So müssen die Christen nicht leichtsinnig Gefahr laufen, ihr Leben zu riskieren, sondern dürfen es mit Heiterkeit und Hoffnung leben.

Das Leben ist mehr, als was man vor Augen hat. Darum ist es gut, weiter vorauszublicken und die Dinge mit Gottvertrauen positiv zu betrachten.

Ein Prophet der Feindesliebe in der Bibel

1) Im Jahr 735 v. Chr. gab es die schwerste Auseinandersetzung zwischen dem Nordreich Israel (Samaria) und dem Südreich Juda (Jerusalem). Assyrien war in jener Zeit die beherrschende Großmacht des Orients. Die kleinen Nachbarreiche mussten Tribut für Assur bezahlen. Im Jahr 735 bildeten einige von ihnen einen Bund, um sich gegen Assur zu erheben. Einzig das Südreich Juda machte nicht mit. König **Ahas** begriff, dass dieser Aufstand sinnlos war. Assyriens Kriegsmaschinerie war zu gewaltig.

2) **Pekach**, der König des Nordreiches von Palästina, beschließt, Ahas abzusetzen und durch einen geeigneten Verbündeten zu ersetzen. Er bittet den König von Damaskus um Mithilfe. Beide Heere marschieren los gegen Jerusalem (2 Kön 15,27 - 16,19; Jes 7 und 8). In 2 Chronik 28 wird die furchtbare Katastrophe für Jerusalem beschrieben, vermutlich mit etwas übertriebenen Zahlen. Auf jeden Fall hat dieser **Bruderkrieg** zahllose Opfer gekostet, außerdem viele Gefangene gemacht, unter ihnen auch Frauen und Kinder.

3) Als das Heer nach Samaria zurückkommt, tritt ihm der **Prophet Oded** entgegen. Er sieht die Schar der Gefangenen, erhebt seine Stimme und verurteilt die Grausamkeit dieses Bruderkrieges. Er erinnert an das Gesetz des Mose (Lev 25,46; Deut 24,7) und sagt: 'Euer Tun hat Gott beleidigt.'

4) Vier Heerführer beauftragen jetzt die Soldaten, die Worte des Propheten zu **befolgen**, die Gefangenen freizulassen, sich um sie zu kümmern, sie zu versorgen mit dem Notwendigsten und sie nach Jericho, der Grenzstadt zwischen Nord und

Süd, zu bringen.

Der **Erfolg Odeds** ist unglaublich. Normalerweise wünschen die Propheten den Gegnern Böses: Jesaia (21; 14,24), Jeremia (18; 25), Ezechiel (28), Amos (1), Joel (4). Auch die Psalmen kennen heftige Worte gegen die Feinde (137; 58).

Umso überraschender Odeds erfolgreiche Predigt zur Feindesliebe nach einer blutigen Auseinandersetzung. Gegen die Mentalität seiner Zeit erhebt er die Stimme. Der einzige **Revolutionär** unter den Propheten!

5) Oded verschwindet danach im Dunkel der Geschichte. Acht Jahrhunderte später greift **Jesus** von Nazareth das Thema auf in einer seiner schönsten Parabeln: der vom **barmherzigen Samariter** (Lk 15). Die Parallelen sind auffallend: Jude, ausgeraubt, von religiöser Autorität unbeachtet, ein Gegner ist barmherzig, Wunden werden mit Öl gepflegt, aufs Lasttier gesetzt, nach Jericho gebracht, die Pflegekosten werden übernommen, Gegner wird zum Bruder, zum Nächsten, der Wille Gottes wird so erfüllt.

Leider wurde Odeds revolutionäres Verhalten bald vergessen. Jesu Wort von der Feindesliebe in der **Bergpredigt** greift es auf für alle Zeiten (Mt 5; Lk 6).

6) **Verzeihen** ist kein Zeichen von Schwäche, sondern von **Stärke**. Es ist der Anfang einer inneren Heilung. Der nachtragende Groll vergiftet, Verzeihen heilt. Denn ich übergebe den, der mir Böses angetan hat, Gott. Damit werde ich innerlich befreit von ihm, ansonsten bleibe ich gefangen, und er richtet in mir sinnloses Unheil an.

War Paulus römischer Bürger?

1) **Lukas** ist es wichtig, dies zu betonen. Sechsmal spricht er davon in der Apostelgeschichte (Kap. 16;22;23;21;25;28). Als römischer Bürger kann Paulus an den Kaiser appellieren, wenn ihm ein Unrecht geschieht, und so nach Rom kommen.

Nur ist erstaunlich, dass Paulus in seinen Briefen **nie** davon spricht. Es hätte Gelegenheit dazu gegeben, zB. in den Briefen an die Korinther. Er sieht sich in dieser römischen Kolonie einigen Gegnern gegenüber, betont, was er ist und was er tut und hätte mit seinem römischen Bürgerrecht einen letzten Triumph in der Hand gehabt. Aber er spricht nicht davon.

Ist er zu demütig, um das zu erwähnen? Nein, Paulus kennt keine falsche Bescheidenheit. Er hätte sicherlich gepunktet mit seiner Herkunft.

2) Entscheidender ist folgendes Motiv: Wäre Paulus Römer gewesen, hätte er bestimmte Dinge tun müssen, die für ihn als **Pharisäer** schwierig geworden wären, zB. römischen Militärdienst ableisten oder den Göttern Roms opfern.

3) Paulus hätte in **Philippi** (Apg 16, 37-39) als römischer Bürger nicht gefesselt, nicht gegeißelt und nicht eingesperrt werden dürfen ohne Gerichtsurteil. Warum sagt das Paulus erst am nächsten Tag?

4) Als Paulus im **Tempel** von Jerusalem festgenommen wird (Apg 22,-25-29), lässt er sich binden und erst, als er gegeißelt werden soll, betont er sein römisches Bürgerrecht, das er von Geburt an besitzen würde im Gegensatz zum Tribun, der es käuflich erworben hat. Warum wird dann der Sanhedrin

einberufen? Der römische Tribun braucht doch kein jüdisches Gericht.

5) Als Paulus dann in **Rom** ist (Apg 28,30), bleibt er zwei Jahre in einer Mietwohnung gefangen, ohne zum Kaiser zu gelangen. Merkwürdig! Überhaupt: Warum hat Paulus früher in bedrängenden Situationen nie an den Kaiser appelliert (2 Kor 1,8.9)? In 1 Kor 6,1.4.5 kritisiert er die, die vor Gericht gehen. Warum tut er es dann selber?

6) In 2 Kor 11,24 sagt Paulus, er sein fünfmal gegeißelt worden. Die jüdischen Autoritäten durften 40 **Geißelhiebe** als Strafe verhängen (Deut 25). Man gab gewöhnlich 39, um sich nicht zu verzählen und womöglich die 40 zu überschreiten. Dreimal wurde Paulus verprügelt, mehrmals war er im Gefängnis. Das alles hätte er als römischer Bürger nicht erleiden dürfen. Warum behauptet dies Lukas dennoch?

7) **Flavius Josephus**, jüdischer Geschichtsschreiber des 1. Jhs., hilft weiter. Nach ihm wird Paulus deshalb nach Rom überstellt, weil er in **politische Probleme** verwickelt ist, nicht weil er an den Kaiser appelliert hat. Dies bezeugt der Historiker für eine Gruppe jüdischer Priester und für einen Revolutionär namens Eleazar.

8) Lukas hat wohl die römische Bürgerschaft dem Paulus wegen seines **missionarischen** Impulses zugesprochen. Paulus widmet ja die Apostelgeschichte dem **Theophilus**, der wohl einen gewissen gesellschaftlichen Rang gehabt hat und römischer Bürger gewesen ist. Als Lukas ums Jahr 90 die Apostelgeschichte schreibt, gibt es in der Christenheit schon eine Menge römischer Bürger. Sie haben es im Römischen Reich nicht leicht, weil sie

Gebräuche wie den Kaiserkult ablehnen. Ihnen möchte Lukas sagen: Man kann römischer Bürger **und** zugleich Christ sein (vgl. Röm 13). Als Modell dafür wählt Lukas den Paulus. Er hat ihn ja auch einige Zeit begleitet und ist ihm nahe gestanden.

9) Man kann also zugleich Christ und guter Staatsbürger sein. Der treue Jünger Jesu kann zugleich eine staatliche Gesellschaft stützen, sofern sie gerecht handelt. Man muss nicht auf das Ende der Welt fixiert sein und die Welt sich selbst überlassen. Lukas weiß sich da eins mit Paulus und dessen Kritik an den Thessalonichern, die sich nicht mehr um die Welt kümmern, weil ja die Auferstehung schon geschehen sei. Christen **wirken mit** für eine bessere Gesellschaft.

War Paulus frauenfeindlich?

1) Woher kommt diese Frage? Lesen wir im 1. Timotheusbrief (2,9-14), sehen alle Feministinnen rot. Ebenso im 1. Korintherbrief (14, 34.35, 7,25-28 und 11,3-10). Verständlich! Aber stammen jene Worte von Paulus? Entsprechen sie seinem sonstigen Verhalten?

2) Vermutlich ist Paulus als guter Jude **verheiratet** gewesen, denn die Rabbinen verfluchen den jungen Mann, der mit 20 noch nicht verheiratet ist. Da Paulus vor seiner Berufung zum Jünger Christi ein treuer Befolger des Gesetzes ist, dürfen wir annehmen, dass er in der Tat zwar verheiratet, aber vermutlich zur Zeit seiner Berufung schon Witwer gewesen ist, sonst hätte er nicht betont, dass er auf seinen Reisen im Gegensatz zu andern Apostel, den Zebedäussöhnen und zu Petrus keine „Schwester als Frau“ (1 Kor 9,5) dabei hat.

3) Dass Paulus Frauen sehr **geschätzt** hat, wird aus Röm 16 klar, wo er Grüße an 30 Personen ausrichtet, unter ihnen 10 Frauen:

1. **Phöbe** ist „Diakonin“ – ein Titel, den Paulus auch für sich verwendet (Kol 1,23) und für seinen Schüler Timotheus (1 Thess 3,2).
2. **Priska** ist „Mitarbeiterin“ (samt ihrem Mann) und hat dieselbe Bezeichnung wie der Mitarbeiter Timotheus (Röm 16,21). Immer wird sie **vor** ihrem Mann genannt, was damals ungewöhnlich gewesen ist.
3. **Maria** „arbeitete“ viel, wohl nicht in der Sakristei!! Paulus meint mit „Arbeit“ die Evangelisation, wie in mehreren Briefen deutlich wird.
4. **Junia** ist „hervorragende Apostolin“ mit ihrem Mann (vgl. oben „Wollte Jesus Priesterinnen?“ Punkt 6)

5. **Tryphäna** und

6. **Tryphosa** „arbeiten“ fürs Evangelium.

7. **Persis** hat auch viel fürs Evangelium „gearbeitet“.

8. Die **Mutter** des Rufus, die Paulus als Mutter auch für ihn bezeichnet.

9. **Julia** und

10. die **Schwester** des Nereus, genannt vor „dem ganzen Volk Gottes“, womit klar ist, dass auch sie eine besondere Bedeutung in der Gemeinde haben.

Im Philipperbrief nennt Paulus

11. **Evodia** und

12. **Syntyche**, die aktiv an der Seite des Paulus mitgearbeitet haben.

Im Philemonbrief nennt er

13. **Apphia** an besonderer Stelle.

In der praktischen Missionstätigkeit gibt Paulus all diesen Frauen eine **besondere** Stellung.

4) Auch in Gal 3,28 spricht Paulus klar **zugunsten** der Frauen. Als Pharisäer hat er noch im Gebet Gott gedankt, nicht als Heide, Sklave oder Frau geboren zu sein. Nach seiner Berufung spricht er der Frau dieselben Rechte und dieselbe Würde wie dem Mann zu.

5) Analysieren wir jetzt die **anders lautenden** und in 1) erwähnten Texte:

a) 1 Kor 7,25-28: Auf die Anfrage von Dienern der Gemeinde sagt Paulus klar: es gibt kein Gebot für einen „Pflichtzölibat“. Im Blick auf die Naherwartung und die notwendige Verkündigung des Evangeliums sei es freilich besser, nicht zu heiraten, um für die bevorstehende Aufgabe alle Kräfte frei zu haben. Wer dennoch heirate, müsse eben schauen, wie er Dienst und Partnerschaft (Familie) in Einklang bringe. Paulus spricht hier nur zu Amtsdienern.

b) 1 Kor 14,34.35: Hier ist klar, dass diese beiden Verse in den ursprünglichen Text, der ja von Prophetie spricht, eingeschoben wurden. Liest man den Text ohne die beiden Verse, ist er schlüssig und logisch. Vielleicht gab es in der Gemeinde Jahre oder Jahrzehnte später „Exzesse“ mancher weniger gebildeten Frauen. In seiner Not hat da ein anonymer Gemeindeleiter die Autorität des Paulus „gestohlen“, um das Problem jener Gemeinde zu lösen.
Übrigens verwendet man in jener Zeit gern dieses stilistische Mittel, die sog. Pseudepigraphie, die die Autorität eines früheren Verfassers oder Lehrers benützt.

c) 1 Kor 11,3-10 Paulus lässt Frauen sprechen in liturgischen Versammlungen. Das ist **revolutionär**, der Frau einen solchen maßgeblichen Posten in der Liturgie zu geben. Ein völliger Gegensatz zur Synagoge!
Der Schleier für die Haare soll die Ähnlichkeit mit jüdischen Gebräuchen vermeiden. Gelöste Haare sind dort das Zeichen für eine Ehebrecherin.
Um jede Missdeutung oder Herabsetzung der Frau zu vermeiden, fügt Paulus die Verse 11 und 12 hinzu, die Mann und Frau in Beziehung setzen ohne jegliche Priorisierung.

d) Der Brief an Timotheus stammt nach heutiger exegetischer Sicht nicht von Paulus, sondern einem Schüler.

6) **Fazit**: Jesus hat Frauen vorbildlich behandelt, Paulus nicht weniger. Im Gegenteil: Paulus ist ein kühner Feminist. Er gibt auch für die heutige Frage nach der Ordination der Frau eine klare positive Wegweisung.

Der Antichrist

1) Keine Gestalt der Bibel ist so rätselhaft wie der Antichrist. Man hat ihn verglichen mit allen möglichen historischen Gestalten. Zumeist wird er aus der Apokalypse abgeleitet. Dort tauche er auf mit der Zahl 666 auf der Stirn, und er werde am Ende der Zeit alle Gläubigen zerstören. Tatsächlich erwähnt wird er nur in den beiden ersten **Johannesbriefen** des NT.
2) Eine **jüdische** Legende spricht von ihm. In allen Verfolgungen des Volkes Gottes hindurch ist er präsent. Er wird am Ende der Tage zusammen mit dem Messias erscheinen, um das Volk Gottes zu vernichten. Der Prophet Ezechiel nennt ihn „Gog" (38,2). Daniel sieht die gotteslästerliche Gestalt verkörpert im syrischen König Antiochus IV.

3) Als die **Urkirche** in Probleme gerät und grausame Verfolgungen beginnen, sieht man darin als Urheber den Antichrist. Es entstehen alle möglichen Gerüchte über dieses Subjekt und seine möglichen Umtriebe. Panik kommt auf!

4) In dieser Verwirrung schreibt Johannes seinen ersten Brief an die Gemeinden Kleinasiens. Er betont, es sei nicht nur **ein** Antichrist, sondern viele; aber es seien **Erfindungen** der Menschen. Auch das Ende der Welt komme nicht gleich. Im übrigen sei jeder, der sich nicht zu Christus bekenne, ein Antichrist.
5) In seinem zweiten Brief einige Jahre später betont Johannes, es seien viele aufgetaucht, die behaupten, Jesus sei nicht **wirklicher** Mensch. Sie seien Antichristen.

6) Spricht auch **Paulus** vom Antichristen (2 Thess 2,3-8)? Paulus denkt hier

offenkundig nicht an eine konkrete Person, sondern personifiziert die Gegner Christi. Der Antichrist ist somit ein Prototyp des Bösen, der immer wieder auftaucht in der Geschichte der Menschen.

7) Folglich ist der Antichrist keine geschichtliche Gestalt, sondern bezeichnet eine gottfeindliche Haltung, die sich vom Bösen leiten lässt. Jesus selber hat ja von manchem falschen Christus gesprochen (Mk 13,2).

Die vier Reiter und die Bestie in der Apokalypse

Vor 19 Jahrhunderten fällt ein Christ namens Johannes auf der Insel Patmos in Ekstase und hat seltsame Visionen. Von ihnen erzählt das letzte Buch der Bibel, die Apokalypse (Offenbarung). Johannes sieht eine offene Tür zum Himmel. Eine Stimme lädt ihn ein, Dinge kennen zu lernen, die demnächst geschehen würden. Er sieht Gott auf einem Thron und eine Papyrusrolle in seinen Händen, die mit sieben Siegeln verschlossen ist (Kap.5).
Wer ist würdig, sie zu öffnen? Ein Lied ertönt: „Würdig bist du, das Buch zu nehmen und seine Siegel zu öffnen..." Er sieht ein Lamm „wie geschlachtet", das die Rolle empfängt und nun die Siegel löst.

1) Die ersten vier Siegel entbergen **vier Reiter**, die schlimme Unglücke ankündigen (6,1-8). Wann werden sie eintreffen? Wen betreffen sie? Immer wieder haben sie die Fantasie der Menschen bewegt. Manche sehen im ersten Reiter das Drama des Ersten Weltkrieges, in den andern Pest, Hunger und Tod. Manche sagen: Wenn das geschieht, was die vier Reiter ankündigen, ist das Ende der Welt nahe. Was sagt der Autor selbst?

2) Der **erste Reiter** auf dem **weißen** Pferd erscheint, als er gerufen wird: „Komm!" Das ist ein Gebetswort der frühen Christenheit, mit dem sie Christus anrufen und sein Kommen erbitten (Apk 22,17; 20,22). Also:
a) **Jesus Christus** ist dieser Reiter: „er, der kommt", er, „der bald kommt" - so wird er in der Apk mehrfach bezeichnet.
b) **Weiß** ist die Farbe Gottes. Die 24 Ältesten um den Thron Gottes sind weiß gewandet (4,4). Alle Geretteten haben eine weiße Tunika (6,11; 7,9). Gottes

Thron ist weiß (20,11). „Weiß“ bedeutet Heil, Triumph.

c) Der **Bogen** in der Hand des Reiters Jesus Christus erinnert daran, dass im AT Pfeil und Bogen Symbol für das **Gericht Gottes** und seine Entscheidungen sind (Klagelieder 2,4; Ps 18,14; Hiob 16,12.13).

d) Die **Krone** ist Zeichen des königlichen Sieges. Auch die 24 Ältesten sind gekrönt, die Frau in Kap. 12, der Menschensohn (14,14), schließlich alle Christe n (3,11).

e) **„siegen“**: 17x erscheint dieses Verb in der Apk. Christus siegt, der Löwe aus Juda ebenso, das Lamm, die Christen usw.

f) In 19,11-13 wird der Reiter das „Wort Gottes“ genannt. Also ist er der **auferstandene** Christus, der Sieger über den Tod (Kap. 6; 19).

3) Der **zweite** Reiter, rot und mit Schwert, symbolisiert den Krieg und das Blutvergießen. Der **dritte** auf dem schwarzen Pferd meint den Hunger. Die Waage misst die rationierten Waren ab und zeigt die hohen Preise. Das **vierte** fahle Pferd symbolisiert den Tod.

4) Was möchte Johannes seinen Lesern sagen? Damals hat man geglaubt, dass das Kommen des Messias von Katastrophen begleitet sei. Wenn Jesus über das Ende der Welt spricht, gebraucht er die dem Juden geläufigen Bilder von Krieg, Hunger und Tod. Er ergänzt sie durch Verfolgung und kosmische Katastrophen (Mt 24).

Was ist aber das **Zentrale** der Botschaft? All das **wird** nicht kommen, sondern **ist** bereits gekommen. Deshalb kommt Jesus Christus auf weißem Ross, begleitet von Krieg, Hunger und Tod. Johannes sieht dies bereits beim Propheten Sacharja (1,8-15). Mit **Tod und Auferstehung** Christi sind wir bereits in den letzten Zeiten.

Darum ergänzt Johannes den Sacharja mit Jesu Predigt von der Verfolgung (5. Siegel) und von kosmischen Katastrophen (6. Siegel). Die Visionen der Apokalypse **sind** also **bereits erfüllt**.

5) Wenn wir **heute** durch Kriege, Hunger und Tod weltweit betroffen sind, sind wir herausgefordert, das Unsere zu tun, um den Reitern Nr. 2, 3 und 4 entgegenzuwirken, indem wir auf den 1. Reiter schauen und seine Botschaft leben. Er ist der Sieger.

6) Was aber ist mit der **Bestie (Kap. 13+17)**?
Von Nero bis Hitler hat man alle möglichen Personen mit ihr identifiziert. Die Bestie steigt aus dem Meer auf. Israel hat damals wegen der Philister keinen Zugang zum Meer. Dies verstärkt die Angst vor dem Meer, dem Unbekannten. So verwandelt sich das **Meer** im Bewusstsein Israel in etwas **Gottfeindliches**. Die Feinde Israels kommen immer vom Meer her. Konkret: das Imperium Romanum. Gerade gegen Ende des 1. Jhs. hat Domitian wie zuvor Nero eine erneute Verfolgung gegen die Christen losgetreten.

7) Die gotteslästerlichen Titel des Tieres auf seinen 7 Köpfen (> die 7 Hügel Roms) symbolisieren die römischen Kaiser, die die Christen bedrängen. Die Ziffer 666 (13,18) ist mit ein wenig Intelligenz zu erklären, sagt der Autor. In der Tat: Schreiben wir „**Kaiser Nero**“ mit hebräischen Buchstaben, die zugleich Zahlenwerte haben, ergibt sich: N=50, R=200, W=6, N=50 (Nero), Q=100, S=60, R=200 (Kaiser), in summa **666**.
Die 7 Kaiser sind: Augustus, Tiberius, Caligula, Claudius und Nero sind gestorben, gerade regiert Vespasian, dann kommt Titus nur für kurze Zeit (2 Jahre). Dann

kommt der 8., welcher „einer von den 7“ ist: Domitian – in ihm sieht man den wiedergekommenen Nero. Dieser hatte sich ja umgebracht, aber es ging die Legende, er sei verschwunden, um ein Heer zu sammeln und wiederzukommen.

8) Das merkwürdige **Tier,** eine Mischung aus Leopard, Bär und Löwe, erinnert an die 4 Tiere in Daniel 7. Das vierte sieht Israel in Gestalt des Generals Pompeius, der 64 v. Chr. in Jerusalem eingedrungen ist. Der Hoffnungsanker des Johannes für seine Hörer: Der Unterdrücker, das Römische Reich, mag noch so sehr wüten. Er ist bereits besiegt durch Jesus Christus.

Apokryphe Evangelien

1) War Josef Witwer mit mehreren Kindern? Hat Maria vor ihrer Heirat den Boden nicht berührt, wenn sie spazieren ging? „Das geheime Leben Jesu“ heißt ein Evangelium, das apokryph genannt wird.
„Apokryph“ meint verborgen, geheim. Wie sind die apokryphen Evangelien **entstanden?** Warum wurden sie **nicht** in die Bibel übernommen?

2) Die **Neugier** der Menschen hat dazu geführt, dort, wo die Evangelien schweigen, die Fantasie weiterspinnen zu lassen. Die apokryphen Evangelien sprechen nicht wie die biblischen vier über das öffentliche Leben Jesu, sondern über seine Kindheit und seinen Tod. Wir wissen von ca. 30 solcher „Evangelien“. Viele tragen einen bekannten Namen: Jakobus, Maria, Thomas, Magdalena etc. Die meisten sind griechisch geschrieben.

3) Manche beginnen mit der wunderbaren **Geburt Mariens** und erzählen **erstaunliche** Begleitumstände. Mit 12 Jahren sei sie vom Hohepriester dem 91jährigen Joseph angetraut worden. Er habe aus seiner ersten Ehe mehrere Söhne gehabt. Bei der Geburt Jesu seien wunderbare Dinge geschehen, die auch Mariens Jungfrauschaft bestätigten.

4) Der **junge** Jesus **verflucht** mit fünf Jahren andere Spielgefährten, die ihm nicht gefallen und verwandelt sie in Pflanzen; oder sie sterben auf der Stelle. Er selbst benimmt sich in seiner Kindheit so aufsässig, dass seine Eltern sich nicht mehr zu helfen wissen. Auch die Lehrer haben es schwer mit ihm; einen von ihnen verflucht Jesus sogar und dieser fällt auf der Stelle tot um.

5) All diese Geschichten werden **Lügen** gestraft durch die **vier** Evangelien des NT. Sie sind viel **zurückhaltender** und machen so uns heute deutlich, dass es ihnen um eine **Botschaft** für unser Leben geht und nicht um kuriose Geschichten, die mit unserem Leben nichts zu tun haben.

Das erste Buch des NT

1) Das erste Buch des Neuen Testamentes – historisch gesehen – ist keines der Evangelien, sondern der **erste Brief** des Apostels Pauls an die **Thessalonicher**. Mitte des Jahres 50 hat Paulus ihn geschrieben. Warum?

2) Im Dezember 49 ist Paulus in **Philippi** mit Gefährten schwer gegeißelt und eingesperrt worden. Danach ziehen sie 150 km westlich ins heutige **Saloniki,** einer Stadt mit damals 150 000 Einwohnern. Diese Hauptstadt der Provinz Mazedonien hat einen wichtigen Hafen an einer Handelsstraße zwischen Ost und West des Römischen Imperium. Paulus findet dort Arbeit (Zeltmacher) und Unterkunft.
Etwa 2000 Juden treffen sich wöchentlich zum Gebet. Paulus geht in jüdische Versammlungen und spricht vom Messias Jesus. Er hat wenig Erfolg. Aber drei Männer (Aristarch, Sekundus und Jason) und einige Frauen schließen sich Paulus an, ebenso einige Heiden, die erst judenfreundlich gesinnt waren.
Die verantwortlichen Juden der Stadt zetteln aus Eifersucht einen Aufstand an und bringen Jason vor Gericht. Paulus, der bei ihm Unterkunft gefunden hat, flieht im März 50 aus der Stadt. Er geht nach Athen, ist aber gedanklich immer noch in Saloniki. Er schickt von Athen aus Timotheus zu den Thessalonichern, um die Gemeinde zu stärken, während er nach Korinth weiterzieht.

3) Timotheus kehrt mit guten Nachrichten zurück. Es gibt inzwischen trotz Verfolgungen mehrere Gemeinden in der Stadt. Aber es gibt auch Probleme: manche befürchten das nahe Ende der Welt und sind im Ungewissen über das Schicksal der Verstorbenen. Es gibt sexuelle Unmoral, Streit über die Frage der

Arbeit, und manche Gemeindeleiter werden verachtet.
Paulus ist traurig. Er traut sich nicht zurück zu Jason wegen des damaligen Aufstandes. Aber da kommt er auf eine Idee.

4) Statt selber zu reisen, schreibt Paulus einen **Brief**. Er hat zwei Teile. Kap. 1-3 wollen den Mut der Gemeinde stärken. Paulus spricht außerordentlich familiär, es ist ein richtiger Liebesbrief. Für sich selbst verwendet er keinerlei Titel wie in späteren Briefen. Kap. 4+5 behandeln dann anstehende Themen.
Paulus lobt den Glauben, die Hoffnung und die Liebe der Gemeinde. Er lobt den guten Ruf, den sie in der ganzen Provinz hat. Er bittet sie, nicht nachzulassen, denn das Kommen Jesu in Herrlichkeit stünde unmittelbar bevor. Hier taucht seine Überzeugung auf, dass noch zu seinen Lebzeiten Christus kommen würde. Paulus erinnert sich der Furcht, die er bei seinem ersten Kommen gehabt hat nach seiner harten Strafe in Philippi. Umso dankbarer ist er für die Herzlichkeit, die ihm die Thessalonicher erwiesen haben.

5) Es folgen zwei heftige Verse gegen die dortigen **Juden** (2,15.16). Verwunderlich, wo Paulus sonst ja schreibt, er sei stolz darauf, Jude zu sein (Röm 11,1). Das ganze 11. Kapitel des Römerbriefes spricht von seiner jüdischen Seelennot. Manche vermuten, dass jene zwei Verse von anderer Hand später eingefügt wurden, als die Auseinandersetzungen zwischen Juden und Christen schon fortgeschritten waren.

6) **Sozialkritisches**: Paulus behandelt im zweiten Teil Prostitution und eheliche Untreue ebenso wie wirtschaftliche Vergehen. Freunde Gottes sehen diese Themen anders als die meisten Bewohner einer griechischen Hafenstadt, die das

alles kennt. Dagegen soll die Gastfreundschaft gestärkt werden. Außerdem führt wirtschaftliche Unabhängigkeit von einem Patron zu einem ruhigeren Leben.

7) Das Schicksal der **Verstorbenen** ist klar: Wenn Christus in seiner Herrlichkeit kommt, sind sie die Ersten, die mit ihm gehen. Dann kommen die noch Lebenden. Paulus sagt kein Datum, aber das Kommen des Herrn sei nahe. Weil er plötzlich kommen wird wie Geburtswehen kommen, darum sollen alle bereit sein.

8) Paulus bittet, dass alle sich gegenseitig **respektieren** in der Gemeinde und ein besonderes Auge haben für die Mutlosen. „Prüft alles, das Gute behaltet" (5,21)! Er verabschiedet sich mit Kuss und bittet darum, den Brief in den verschiedenen Gemeinden der Stadt zu lesen. Dieser Brief ist der **Beginn des Neuen Testamentes**.

Wer tötete seine Tochter wegen eines Gelübdes?

1) Jiftach, der achte Richter in Israel, macht ein seltsames Versprechen: Falls Gott ihm den Sieg über die Feinde gewährt, wird er das Erste, was ihm bei seiner Heimkehr aus der Tür tritt, opfern. Er gewinnt die Schlacht und kehrt heim. Wer kommt ihm als erstes aus der Tür? Seine Tochter!

Wie kann Jiftach eine solche Dummheit begehen? Warum greift Gott nicht ein wie bei Abraham, als er seinen Isaak opfern will? Manche haben versucht, die Geschichte spirituell umzudeuten, um ihr die Grausamkeit zu nehmen. Aber sie sagt klar: das Gelübde und das Opfer.

2) Jiftach ist ein hebräischer Held, einer der großen Befreier. Aber unsere Geschichte möchte ihn offensichtlich **in negativem Licht** erscheinen lassen. Die Verse des Gelübdes (11,30.31.34-40) scheinen später eingefügt worden zu sein, um das positive Bild Jiftachs zu zerstören. Warum nämlich macht Jiftach ein Gelübde, als der Geist des Herrn über ihn kommt? Wenn sonst im Richterbuch der Geist des Herrn kommt, folgt unmittelbar darauf ein Sieg über die Feinde. Hier unterbrechen die zwei Gelübde-Verse den sonstigen Verlauf. Deshalb wiederholt V. 32 den V. 29, eben wegen des späteren Einschubs.

3) Jiftachs Haus wird beim Einschub in **Mizpa** angesetzt. In 12,1 steht aber sein Haus in **Zafon**. Im „Gelübdeteil" erscheinen die Ammoniter als persönliche Feinde Jiftachs; wir wissen aber, dass die Ältesten Gileads Jiftach gebeten haben , ihnen zu helfen.

4) Jiftach bleibt nicht zwei Monate im Haus bis zum Opfer seiner Tochter,

sondern bricht unmittelbar nach seiner Rückkehr zum Krieg gegen die Ephraimiter auf (12,1).

5) Historisch war Jiftach ein kühner erfolgreicher Krieger, der dann Israels Führer wurde. Auch Samuel sah ihn so. Warum aber wurde der „Gelübdetext" eingefügt?

6) Verursacher ist der **Deuteronomist**. Dieser Geschichtsschreiber wollte die Bedeutung der **Monarchie** in Israel herausstellen. Deshalb setzt er die im Gedächtnis des Volkes durchaus geschätzten Führer herunter und stuft sie zu unüberlegten Chaoten herab, um dann umso strahlender die Monarchie erstehen zu lassen: „Es gab (in der Richterzeit) noch keinen König, darum machte jeder, was er wollte" (Ri 17,6; 18,1; 19,1; 21,25).
Außerdem lehnt der Deuteronomist **Opfer** ab (Deut 12,31; 18,10). So lässt er Jiftach nicht als Segen erscheinen, sondern als Gefahr. Deshalb interveniert Gott auch nicht wie bei Abraham.
Die ursprüngliche Tradition hatte ein positives Bild von Jiftach. Der Deuteronomist entstellte dieses Bild durch die Episode vom angeblich unklugen unüberlegten Handeln Jiftachs – eben, weil es noch keinen König gab (Ri 17,6). Ein **Unrecht** – biblisch gedeckt!

7) Aber dieses Unrecht hat auch eine **Botschaft** für uns: wir sollen keine voreiligen Entscheidungen treffen und nicht aus Schmerz, Verärgerung oder Zorn handeln. Wie unsinnig, wenn Jiftach seine Tochter anklagt oder wir **Gott** verantwortlich machen für unsere Entscheidungen! **Wir** entscheiden und sollen auch die Folgen unserer Entscheidungen tragen. Hören wir darum aufmerksam auf Gottes Wort und handeln nicht unüberlegt. Dann werden wir seine Kraft immer in unserem Leben spüren.

Der Turmbau zu Babel

1) Die Geschichte vom Turmbau zu Babel (Gen 11), dessen Spitze bis zum Himmel reicht, der von Gott zerstört wird und als Ergebnis mehrere Sprachen hervorbringt, hat manche **Schwierigkeiten**.
Im Kapitel zuvor heißt es, dass die Enkel Noahs sich in verschiedene Regionen und Sprachen verteilten. **Keinerlei** Strafe Gottes!
V. 4 spricht von **zwei** Bauwerken: einer Stadt und einem Turm. Gott kommt dann, um sich die Sache anzuschauen und die Sprache zu verwirren. Schließlich gibt es zwei Strafen: den Wirrwarr der Sprachen und die Verteilung über die ganze Erde.

2) Der Text verrät nicht, **warum** die Menschen bestraft werden. „Bis zum Himmel" ist nicht ein arroganter Ausdruck, sondern ein bildlicher für ein hohes Bauwerk. Durch die Archäologie wissen wir, dass es sich wohl um eine **Stufenpyramide** handelt; sie hat normal sieben Stockwerke mit einer Wohnung ganz oben für die Gottheit. In Mesopotamien wurden ca. 30 solche Bauwerke gefunden. V. 8 spricht auch nur vom Ende der Arbeit an der Stadt, nicht am Turm.

3) Die **Exegese** hat herausgefunden, dass es sich um zunächst **zwei** unabhängige Erzählungen handelte. Die eine spricht enthusiastisch vom Bau einer Stadt, die andere von einem religiösen Turm. Ihr Ursprung ist Mesopotamien, vielleicht Babylon, denn dort baute man mit sonnengetrockneten Backsteinen und Erdpech. In Palästina dagegen benutzte man Steine. Babylon war in der Tat eine majestätische Stadt. Dort lebten verschiedene Rassen und Sprachen. Besucher waren beeindruckt und begannen, von der Größe der Stadt zu erzählen. So entstanden mancherlei Geschichten.

4) Ein **kulturelles** Problem tritt auf: Die Nomaden werden eifersüchtig auf die Städter, zumal auch Unterdrückte bei den Bauarbeiten herangezogen werden. So erscheint den einfachen Nomaden das ausschweifende Stadtleben als etwas Widergöttliches. Dies wirkt sich auf die Geschichten aus: Die beiden Geschichten von Stadt und Turm vermischen sich zu einer und wandeln ihren Sinn. Die Strafe Gottes fällt jetzt über die Städter her - als Kontrast zum einfachen von Gott geschützten Beduinenleben. Jahwe steht damit eindeutig auf Seite der Beduinen.

5) Im 7. Jh. hat der sog. **Jahwist** diese Geschichte der Noahgeschichte angefügt. Wenn der Mensch sein-will-wie-Gott (Gen 3), zerstört er die gottgewollte Partnerschaft zwischen Mann und Frau. Die Babelgeschichte zeigt dann, wie auch das soziale Gefüge zerstört wird. Das ist die Botschaft.

6) Die Apostelgeschichte wird dann im **Pfingstereignis** die Gegengeschichte zu Babel erzählen: Zwar haben alle eine **verschiedene** Sprache, aber **sie verstehen sich** durch den Gottesgeist. Gerechtigkeit, Harmonie und soziales Verhalten werden dort möglich, wo Menschen Babel beiseite lassen und sich dem Pfingstgeist der **Liebe** öffnen.

Bibel und Reinkarnation

1) Warum fasziniert der Gedanke von der Reinkarnation so viele Menschen? Offensichtlich ist die Idee bestechend, in einer anderen Körperform **wieder**zukehren und für die Schulden aus einem früheren Leben zu „bezahlen". Die verschiedenen Reinkarnationen helfen dann, dass wir uns vervollkommnen. Falls jemand ein schwerer Sünder war, kehrt er in einem Tier oder einer Pflanze wieder.

2) Die Reinkarnation erlaubt neu zu beginnen. Das ist sicher ein großer **Vorteil**. Er nimmt mir die Angst, mein Leben zu verwirken, wenn ich nur einmal die Chance habe. Aber ist das wirklich ein Gewinn? Ganz nebenbei: Welchen Blick werfen wir dann auf Tiere und Pflanzen, wenn sie womöglich...?

3) Die **ältesten** Völker, die uns bekannt sind, also Sumerer, Ägypter, Chinesen oder Perser, kennen die Reinkarnation nicht. In **Indien** taucht sie im 7.Jh. v. Chr. auf. Die Menschen dort erkennen, dass alles in der Natur wiederkehrt: Gestirne, Jahreszeiten, Wachsen und Gedeihen. Warum nicht auch beim Menschen, wenn sein Körper zerfällt? Die Idee wächst und verbreitet sich. Sie scheint auch jene Fragen zu klären, die Menschen umtreiben, zB. die Ungleichheit im menschlichen Leben: Warum sind die Einen begütert, die Andern benachteiligt? Die Sehnsucht des Menschen nach ausgleichender Gerechtigkeit scheint erfüllt.

4) Der **Buddhismus** kommt im 5. Jh. v. Chr. nach Indien und übernimmt diesen Glauben. So gelangt er nach China, Japan, Tibet und später nach Griechenland und Rom. Er durchdringt die Religionen.

5) Die **Juden** aber akzeptieren diese Idee **nicht**. Psalm 39,14 ist überzeugt, dass nach dem Tod nichts kommt. Auch Hiob geht und kommt nicht wieder (10,21.22). Das Buch der Weisheit weiß vom Mord, aber nichts kehrt wieder, auch nicht die Seele des Getöteten (16,14). König David hat zwei diesbezügliche Erlebnisse gehabt (2 Sam 14+12). Das Judentum weiß zwar nicht, was **nach** dem Tod geschieht, aber es ist sich sicher, dass niemand ins irdische Leben zurückkehrt.

6) Um 200 v. Chr. taucht im Judentum ein **anderer Gedanke** auf, nämlich der der Auferstehung und eines neuen Lebens in der Ewigkeit Gottes (Dan 12,2) – erfreulich für die „Guten“, schmerzlich für die „Bösen“. Die sieben makkabäischen Brüder wissen ebenfalls gegenüber Antiochus IV. von diesem ewigen Leben (2 Makk 7,9.36).

7) **Jesus** bestätigt dies in der Geschichte vom reicher Prasser und dem armen Lazarus (Lk 16, 19-31). Der Reiche möchte zurückkehren, um seine Brüder zu warnen. Aber das geht nicht; ein unüberwindlicher Graben ist dazwischen. Alle haben ein einziges Leben.

8) Dem Mitgekreuzigten sagt Jesus: „**Heute** noch wirst du mit mir im Paradies sein“ (Lk 23,43). Er vertröstet ihn nicht auf Reinigung in mehreren Reinkarnationen.

9) Paulus tröstet die Thessalonicher „...wir werden immerdar **beim Herrn** sein“ (1 Thess 5,17) und sagt den Philipper, dass er eigentlich gern beim Herrn wäre, aber ihretwillen noch bleibt (1,23.23). Das deutlichste Signal, wie wir im

Tod ins endgültige Leben **verwandelt** werden, gibt er den Korinthern (1 Kor 15).

10) Der Hebräerbrief bestätigt, dass wir nur einmal sterben (9,27).

11) **Fazit**: Reinkarnation gaukelt eine falsche Möglichkeit vor: ich kann ja drauf los leben und es nachher besser machen oder auch nicht, ich hab keine Verantwortung und muss nicht Rechenschaft ablegen. So wird die Hoffnung auf Vollendung bei Gott zerstört. Außerdem wird das gegenwärtige Leben und seine Verantwortlichkeit abgewertet.

Dagegen lebt der Christ intensiv in der Liebe Gottes – jetzt vom Augenblick erfüllt und mit klarer Aussicht auf seine Vollendung in Gott.

Die „Bekehrung“ (Berufung) des Paulus

1) Lukas hat in der Apostelgeschichte (Apg) die sog. Bekehrung des Paulus in einer bewegenden Schilderung bewahrt. Als junger **Pharisäer** betrachtet Paulus die Frauen und Männer der jungen „Sekte“ der Christenheit argwöhnisch. Er beschließt, sie zu bekämpfen, hängen sie doch einem - in jüdischen Augen - Gottverfluchten an. Mit einer besonderen Erlaubnis jüdischer Behörden reist Paulus mit Gefährten nach Damaskus, um die Christen ins Gefängnis zu bringen. Es gibt dort bereits eine bedeutende Christengemeinde.

2) Kurz vor **Damaskus** wirft den zu Fuß Reisenden ein **Licht** nieder und er hört eine **Stimme**: „Saul, Saul, warum verfolgst du mich“ (Apg 9,1-6)? Angesprochen mit der hebräischen Version seines Namens (Paulos griech., Paulus lat.) ist er geblendet und wird von seinen Gefährten nach Damaskus geführt. Er fastet drei Tage. Dann kommt **Hananias** zu ihm. Dieser Christ hat in einer Vision den Auftrag dazu bekommen. Er legt Paulus die Hände auf, und Paulus kann wieder sehen. Hananias **tauft** ihn und stellt ihm Jesus vor Augen samt dem Inhalt seiner Botschaft. Dann **beauftragt** er ihn, Christus zu verkündigen (9,7-19).

3) Es ist **erstaunlich**, dass Paulus selbst dieses Ereignis in seinen Briefen **nie** erwähnt. Zwar erzählt er in 2 Kor 12 von Visionen – und zwar in der dritten Person! Traut er sich nicht, „ich“ zu sagen? In der Apg lässt Lukas den Paulus mehrfach von diesem Ereignis berichten.

4) Weiter ist erstaunlich, dass Paulus in der Apg **nicht** sagt, er habe Jesus gesehen, aber sehr wohl in 1 Kor 9,1 und 15,8. Paulus betont auch, er habe seine Berufung

direkt von Gott erhalten ohne Vermittler (Gal 1,1). Jesus Christus selbst habe ihm das Evangelium offenbart (Gal 1,11). In der Apg jedoch ist Hananias der Vermittler.

Paulus spricht auch nirgends von Bekehrung, sondern von **Berufung** (Gal 1,15). Die Apg begleitet die „Bekehrung" mit Phänomenen von außen (Licht, Stimme, Fall, Blindheit, Heilung), Paulus selber spricht von einer inneren Erfahrung (Gal 1,16). Warum lässt Lukas den Paulus der Apg anders sprechen, als Paulus es selbst tut?

5) Lukas kennt eine **literarische** Tradition unter dem Titel **„Bekehrungslegenden"**. Das sind Geschichten, die erzählen, wie ein Gegner Gottes durch außergewöhnliche Ereignisse bekehrt worden ist.

In 2 Makk 3 wird die Geschichte von **Heliodor** erzählt. Dieser Minister des Königs Seleukus will den Tempelschatz rauben. Gott erscheint ihm, Heliodor ist überwältigt, er stürzt zu Boden, wird blind. Seine Gefährten sind ohnmächtig. Auf einer Bahre wird Heliodor hinausgetragen. Ein Jude steht ihm bei, er kommt wieder zu Kräften, bekehrt sich und preist Gott. Es gibt mehrere ähnliche jüdische Legenden.

6) Warum nimmt **Lukas** dieses Modell? Er will wohl zeigen, dass sich die **Vorhersage** des auferstandenen Christus erfüllt: sein Wort hat sich tatsächlich gegen Ende des 1. Jhs. in der ganzen damaligen Welt bis ins Zentrum **Rom** ausgebreitet. Das aber hat nicht der Zwölferkreis bewirkt, der sich auf Jerusalem beschränkt. Dies ist das Verdienst des Paulus, denn er kommt bis nach Rom.

Aber da Paulus nicht Augenzeuge Jesu ist wie die andern Apostel, hat er auch keinen Sendungsauftrag wie sie. Das vermittelt nach Lukas das Damaskus-

Erlebnis. Dies wird wie zur **Bestätigung** noch dreimal erzählt in der Apg. Damit ist das Apostolat des Paulus eindeutig und **glaubwürdig**.
Auch das göttliche **Licht** steigert Lukas: ein Licht des Himmels (9,3), ein großes Licht um die Mittagszeit (22,6) und ein mehr als die Sonne leuchtendes Licht am vollen Mittag (26,13), das auch die Gefährten umleuchtet.

7) Lukas steigert auch die **Verfolgungen**, die Paulus erleidet: zuerst kommt er ins Gefängnis (8,3); dann wird er zum Tod verfolgt (22,1); schließlich wird er im Gefängnis gequält und danach bis in entlegendste Städte verfolgt (26,10.11).
Auch die **Missionsaufgabe** des Paulus steigert Lukas: zuerst trägt er Christi Namen zu den Heiden, den Königen, den Juden (9,15); dann zu allen Menschen (22,15); schließlich erläutert Paulus im Detail seine Aufgabe (26,18-20).
Auch die geschilderten **Phänomene** ändern sich: zuerst hören die Gefährten des Paulus eine Stimme, sehen aber kein Licht (9,7); dann sehen sie das Licht, hören aber nichts (22,9); schließlich sehen und hören sie nichts, nur Paulus allein (26,13). Auch bleiben die Gefährten die beiden ersten Male stehen, das dritte Mal fallen auch sie zu Boden. Selbst die Blindheit des Paulus nimmt von Mal zu Mal ab.

8) Was in allen drei Begegnungen bleibt, ist der **Dialog** zwischen Christus und Paulus. Auch er hat sein Vorbild im AT („Erscheinungsdialog“): zweimal wird der Name genannt – dann die Frage: 'wer bist du?' - die Selbstvorstellung der Erscheinung – der Auftrag. So bei Jakob (Gen 31; 46), Moses (Ex 3), Isaak (Gen 22), Samuel (1 Sam 3).

9) **Fazit:** Das Beispiel des Paulus ermutigt auch uns. Seine innere Erfahrung (2

Kor 12) haben wir vielleicht ähnlich gemacht, jenen **Dialog** mit dem auferstandenen Christus. Dieser ist entscheidend, auch wenn uns kein Licht geblendet hat und wir keine Stimme vom Himmel gehört haben. So lädt uns Paulus ein.

Widerspricht sich Paulus im Ersten Korintherbrief?

1) Der 1 Kor beschreibt wie kein anderer Brief des Paulus das Leben und die Probleme einer Christengemeinde. Aber es gibt in diesem Brief **Unterbrechungen** und Verse, die nicht zusammenpassen. Warum? Weil er eigentlich **aus zwei Briefen** besteht. Paulus selbst weist auf einen früheren Brief hin (5,9). Man nahm bisher an, er sei verloren gegangen.

Was aber auffällt beim Lesen von 1 Kor: Paulus antwortet auf Fragen, die von **zwei** verschiedenen Gruppen kommen: die eine führt Stephanas an (16,15), die andere Chloe (1,11). **Stephanas** hat **theologische** Fragen, die er Paulus schreibt („was ihr mir schreibt"); auf **Chloe** gehen **Kämpfe** und Skandale zurück („was ich höre"). Stephanas und seine Gefährten erfüllen Paulus mit Freude, die Leute der Chloe machen ihn zornig.

2) Beispiele für **Brüche** im Text:

a) Kap. 5,1-13 handelt von einem Fall sexueller Unmoral, dann kommt plötzlich in 6,1-11 die Frage der Gerichte (Justiz) und in 6,12 nimmt er die vorher angesprochene Unmoral wieder auf.

b) In 5,1-13 sollen die Christen nicht richten, in 6,2.3 sollen sie aber.

c) Die Liste von 5,11 wiederholt er in 6,9.10. Offensichtlich gehört 6,1-11 zum früheren Brief, ebenso die Kapitel 7-9, weil dort immer wieder von Schreiben an ihn die Rede ist.

3) In Kap.10 spricht Paulus vom Götzenopferfleisch, das man auf dem Markt kaufen kann. Er lehnt es ab, hat aber in V. 25 kein Problem damit. Also dürfte 10,23 – 11,1 auch zum früheren Brief gehören, ebenso die Kap. 12-14 und die

Kollektenfrage in Kap. 16, denn in 15 bezeichnet er die Korinther wegen der Auferstehungsfrage als „Dumme", danach bittet er um Geld.

4) In 16,10-14 sagt Paulus, er habe Timotheus nach Korinth geschickt, um in den Streitigkeiten zu vermitteln. In 16,15-24 erzählt er, dass Stephanas und seine Gefährten ihn aufgesucht und gesagt hätten, in Korinth sei alles gut. Wieder ein Hinweis auf zwei Briefe zu verschiedenen Situationen!

5) Wir haben offensichtlich also innerhalb des 1. Korintherbriefes zwei Briefe, einen **Brief A** und einen **Brief B**:

A: 6,1-11; 7-9; 10,23-11,1; 12-14; 16,1-9; 16, 15-24

B: 1-5; 6,12-20; 10,1-22; 11,2-34; 15; 16,10-14

6) Was ist vermutlich geschehen? Paulus ist im Jahr 53 in Ephesus. Mitte des Jahres kommen die Gemeindeleiter Stephanas, Fortunatus und Achaius von Korinth mit guten Nachrichten nach Ephesus. Zugleich bringen sie sechs Fragen mit: 1. Ist es erlaubt, im Streitfall mit einem Bruder der Gemeinde vor Gericht zu gehen? 2. Dürfen Verheiratete trotz Warten auf das nahe Weltende normal ehelich leben? 3. Sollen Ledige heiraten? 4. Darf man Götzenopferfleisch essen, wenn man zum Essen eingeladen ist? 5. Ist jede Ekstase Werk des Hl. Geistes? 6. Wie soll die Kollekte für Jerusalem geschehen?

Auf diese Fragen antwortet Paulus dann mit Korinther A.

7) Ein paar Monate später, Anfang des Jahres 54, präsentieren sich Leute der Chloe, einer vermutlich reichen Geschäftsfrau, mit einigen Problemen: 1. gibt es interne Rivalitäten in der Gemeinde. 2. lebt ein Gemeindeglied mit der Frau

seines eigenen Vaters zusammen, aber niemand sagt was. 3. wird Prostitution praktiziert. 4. wird Götzenopferfleisch ohne Rücksicht auf skrupulöse Mitglieder gegessen. 5. wird Eucharistie gefeiert, ohne aufeinander zu warten; dann sind die einen satt und angetrunken, während andere, die später kommen, hungern und 6. verneinen manche die Auferstehung.
Paulus schreibt Korinther B und schickt den Brief durch Titus.

8) Jahrzehnte später – Paulus ist längst beim Herrn – entschließt sich ein Christ in Korinth, A und B in **einem** Brief zu vereinen, um Platz zu sparen. Er vereint die Themen, die ähnlich sind. So fügt er A in B ein. Das ergibt: 1. Die Kapitel 1-4 zum Thema Spaltungen. 2. Alles über Sexualität, Ehe und Ehelosigkeit samt dem Richten ergeben 5.-7. Kapitel. 3. Kap. 8-10 zum Thema Götzenopferfleisch. 4. Eucharistie (11), 5. Charismen (12-14), 6. Auferstehung (15), 7. Kollekte, Timotheus, Grüße (16). Dies geschieht wohl ums Jahr 90, denn Clemens von Rom kennt im Jahr 96 bereits den 1. Korintherbrief so, wie wir ihn heute haben.

9) Jener Christ, der die Briefe zusammenfasst, fügt wohl auch Kap. 13 hinzu, das schwerlich auf Paulus zurückgeht, wenn es solche Konflikte in Korinth gegeben hat. Er fügt auch die umstrittenen Verse 14, 35.36 ein, die Paulus in der Folgezeit fälschlicherweise zum Frauenfeind gestempelt haben (siehe Artikel weiter oben). Ein großes Unrecht! Paulus hat ja bereits in 11, 3-10 das Gegenteil gesagt.

10) Damit ist auch der Widerspruch von 1,10-16 zu 11,18.19 über Spaltungen geklärt, ebenso das Richten (5,12.13 zu 6,2.3), das Götzenopferfleisch (10,23-11,1 zu 10,1-22) und die Frauen in der Gemeinde (11,3-10 zu 14.34.35).

11) **Fazit**: Paulus liebt Jesus und die Menschen, denen er verkündet. Alle Strapazen nimmt er für sie auf sich. Er lebt die Gottes- und Nächstenliebe so überzeugend, dass wir uns heute noch in seine Briefe vertiefen.

Die Verkündigung des Engels an Maria

1) Wie immer wir über dieses Ereignis denken, das die Liturgie neun Monate vor Weihnachten am 25. März begeht – woher weiß es Lukas? Hat Maria ihm das erzählt, obwohl sie doch alles im Herzen bewahrt?

2) Die Elemente dieser Geschichte sind dem **AT** bereits **vertraut**. Lukas hat Aussagen über göttliches Eingreifen aufgegriffen und daraus die Verkündigungsgeschichte geformt, so wie er es beim Magnifikat Mariens getan hat und später bei der Berufung des Paulus in der Apostelgeschichte. Zu den Elementen der Verkündigungsgeschichte sei verwiesen auf Soph 3,14; Ri 6,12; Dan 10,12; Gen 18,14; Gen 16,11; 2 Sam 7,12-16.

3) Das **Schema** der Verkündigungsgeschichte ist fest und erscheint mehrfach in der Bibel. Es hat **fünf** Elemente: 1. erscheint ein himmlischer Bote, 2. fürchtet sich die/der Angesprochene, 3. kommt eine erklärende Botschaft von Gott, 4. darauf ein „aber“ des Menschen, 5. schickt Gott ein Zeichen. So auch bei der Berufung von Abraham (Gen 17,1-22), Gideon (Ri 6,11-21) oder Zacharias (Lk 1,11-20).

4) Historisch ist in der Verkündigungsgeschichte der **Inhalt**. Der Rahmen entspricht dem bekannten literarischen Genus.

5) Gott bittet uns immer wieder, an seinem Heilsplan **mitzuwirken**, denn Gott wirkt nicht ohne uns in der Welt. Unser Ja darf dann dem Ja Mariens entsprechen, auch in der Dunkelheit unseres Weges.

Wer baute den Tempel in Jerusalem?

1) Der berühmteste König Israels ist nach David sein Sohn **Salomon** (971-931). Er übertrifft alle Könige der Erde an Reichtum und Intelligenz (1 Kön 10,23.24). Alle wollen ihn besuchen, hat er doch auch den phantastischen Tempel gebaut, Jerusalem befestigt usw.usw.

2) Die **Archäologie** freilich hat dieses Bild erschüttert. Jerusalem ist zur Zeit Salomons ein **Dorf** ohne Befestigung mit vielleicht 500 Einwohnern. Die ganze Gegend ist kaum besiedelt. Das gesamte Reich hat nicht mehr als 5000 Mitglieder, die meisten davon sind Wanderhirten. Es gibt keine Handelsstraßen, keine entwickelte Landwirtschaft und überhaupt keine Unterkünfte für die zahlreichen Soldaten, von denen die Bibel angeblich erzählt.

3) Salomon ist ein **Stammeschef** – unfähig, einen monumentalen Tempel zu bauen. Aber in 2 Kön 12 erscheint **Joasch**, der neunte Nachfolger Davids (835-796). Von ihm wissen wir Einiges an Bautätigkeit. In seine Regierungszeit von 39 Jahren fällt ein Staat, der **mehr** entwickelt ist, wirtschaftlich und technisch. Es heißt zwar, dass Joasch nur restaurierte, doch dies ist wohl dem Ansehen Salomons zuzuschreiben, das nicht geschmälert werden sollte. In 2 Chr 24 und 2 Kön 12 lesen wir von dem **umfassenden** Aufgebot an denen, die beim Tempelbau mitgewirkt haben.

4) Der Tempel war 35 m lang, 10 m breit und 15 m hoch. Der Eingang war geostet, so beschien ihn die Sonne am Morgen. Nach dem Atrium kam eine Doppeltür, dahinter das Heiligtum, reich geschmückt und verziert (1 Kön 6). Danach wieder

ein Doppeltür vor dem Allerheiligsten, das je 10 m lang, breit und hoch war. Einmal pro Jahr, am iom kippur, hat der Hohepriester den Namen Gottes angerufen und die Bundeslade mit Blut besprengt. Dann verließ er wieder das Allerheiligste.
Die verschiedenen Altäre im Heiligtum und ihre Funktion sind in 1 Kön 7+8 beschrieben. 250 Jahre lang diente der Tempel seiner Bestimmung, dann wurde **im Jahr 587** das ganze Gebäude von Nabuchodonosor und den Babyloniern komplett **zerstört**.

5) Salomon hat im 10. Jh. eine schlichte **Kapelle** in Jerusalem gebaut. Joasch hat eineinhalb Jahrhunderte später einen stolzen Tempel errichtet.

6) **Jesus** hat das Ende des (zweiten) Tempels angekündigt, das im Jahr 70 durch den Römer Titus kam. Zuvor hat schon Paulus in 1 Kor 3,16 daran erinnert, dass die Getauften **alle Tempel** Gottes sind. Wir alle sind der Schatz göttlicher Präsenz.

Zwei Schöpfungsberichte der Bibel

1) Gleich zu Beginn der Bibel gibt es **zwei** Schöpfungsberichte, die sich ziemlich **widersprechen**: Genesis 1 und 2. Der erste Bericht weiß von einer Erschaffung der Welt in sechs Tagen durch Gottes Wort, der zweite erzählt vom modellierenden Gott mit dem Atem für die Nase, danach von Pflanzen und Tieren, schließlich von der Frau aus der Rippe des Mannes.

2) Auch der **Gottesname** ist verschieden: Gen 1 sagt Elohim, Gen 2 Jahwe. Gen 1: durch Gottes Wort wird alles in sechs Tagen, Gott selber ist transzendent, es geht um eine progressive Schöpfung, die im Menschenpaar kulminiert. Dagegen Gen 2: Gott formt und schafft, wirkt handgreiflich in der Schöpfung an einem Tag, nach dem Menschen folgen Pflanzen, Tiere und die Frau.

3) Gen 2 (der „Jahwist“) wurde früher im 10. Jh. angesetzt, die Forschung heute sieht eher das 7. Jh., während Gen 1 (die „Priesterschrift“) wohl aus dem 6. Jh. ist und sich mit dem babylonischen Schöpfungsepos „enuma elisch“ auseinandersetzt. Klar ist, dass es hier um **Theologie** geht, **nicht** um **Naturwissenschaft**. Denn: Die Naturwissenschaft erklärt, **wie** die Welt entstanden ist, die Bibel **warum**.
Wir finden noch weitere Schöpfungsberichte in der Bibel bis hin zu den Psalmen, wo es immer um eine theologische Auseinandersetzung geht. Auch der Jahwist sammelt aus den vorhandenen Schöpfungsberichten des Vorderen Orients (assyrisch, babylonisch, ägyptisch), um dann seine spezielle Aussage zu treffen.

4) Als **im Jahr 587** die Babylonier den Tempel wie die Stadt Jerusalem zerstören

und weite Teile der Bevölkerung gefangen nehmen, um sie nach Babel zu verschleppen, lernt Israel diese Stadt mit all ihrer Kultur kennen - eine prächtige Stadt im Vergleich zum bescheidenen Jerusalem. Verständlich, dass auch das **Gottesbild** Israels ins Wanken kommt, scheint doch der babylonische Marduk mächtiger zu sein als Jahwe. Viele Israeliten sind enttäuscht über ihr Schicksal und schwenken aus ihrer Enttäuschung zu Marduk um.

5) Da begreift eine Gruppe von **Priestern** unter den Gefangenen: wir müssen etwas tun gegen diesen Abfall; und wir müssen beim Gottesbild beginnen. Das babylonische ist **dualistisch**: ein Schöpfer des Guten und ein Schöpfer des Bösen. Andere Kulte dort in Mesopotamien haben die Sonne, den Mond, die Sterne, das Meer, die Erde als Gottheit. Auch der bisher so wichtige Sabbat beginnt an Bedeutung zu verlieren, ebenso die bisherige Schöpfungsgeschichte. Also muss ein neuer Schöpfungsbericht geschaffen werden.

6) Das **Erste**, was den Priestern wichtig ist: Alles ist **geschöpflich**, nichts ist göttlich und somit unantastbar, Gott allein hat alles ins Leben gerufen, alles ist Ausdruck seines liebenden Wortes, alles ist gut. Es gibt kein böses Prinzip. Alles in der Welt ist dem Menschen partnerschaftlich anvertraut.
Das 6-Tage-Schema stellt den **Sabbat** in die Mitte des Lebens – in einer Situation, wo es ja keinen Tempel gab. Der 7. Tag ist der vollkommene, das Einssein mit Gott, der Tag des Ruhens in Gott.
Um 400 v.Chr. beschließt jemand, die ganze Geschichte Israels zusammenzustellen. Dieser Verfasser setzt dann den historisch gesehen späteren Bericht als ersten voran, wohl auch um zu zeigen, dass Gott alles in der Hand hält und alles in der Schöpfung deshalb von Gott her gesehen gut ist.

7) Die logische Frage, **woher** dann das Böse kommt, behandelt Kap. 3 der Genesis – in den Bildern von der Schlange und der Frau. Die Schlange stellt die Kulte Kanaans dar, die Frau verkörpert Israel. Das Böse kommt nicht aus einem bösen Prinzip, dem der Mensch ausgeliefert ist, auch nicht einem Schicksal, das über Menschen verhängt ist. Das Böse entsteht, wenn der Mensch **sein will wie Gott,** wenn er also statt der ihm angebotenen Partnerschaft **mit** Gott sich an **seine** Stelle setzt.

8) Damit ist auch klar, dass biblische Schöpfungsberichte **keiner** naturwissenschaftlichen Theorie heute widersprechen. Weil sie verschieden sind, sagen sie übereinstimmend: Gott ist es, der die Welt ins Leben gerufen und sie uns anvertraut hat, der Gott, zu dem wir „Du“ sagen dürfen – kein namenloses Schicksal, das über uns verhängt wäre.

Die Naturwissenschaft sagt uns, WIE die Welt entstanden ist, die Bibel WARUM. Beide können sich nicht widersprechen. Für unser Leben ist aber letztlich nicht das WIE entscheidend, sondern das WARUM.

Printed by Books on Demand GmbH, Norderstedt / Germany